篮球后备人才选拔与培训体系建设

戴志东　著

北京体育大学出版社

策划编辑：邓琳娜
责任编辑：邓琳娜
责任校对：孙　静
版式设计：久书鑫

图书在版编目（CIP）数据

篮球后备人才选拔与培训体系建设 / 戴志东著. --
北京 : 北京体育大学出版社, 2021.11
ISBN 978-7-5644-3259-1

Ⅰ. ①篮… Ⅱ. ①戴… Ⅲ. ①篮球运动－人才培养－
研究②篮球运动－运动训练－研究 Ⅳ. ①G841

中国版本图书馆 CIP 数据核字（2021）第 189877 号

篮球后备人才选拔与培训体系建设　　戴志东　著
LANQIU HOUBEI RENCAI XUANBA YU PEIXUN TIXI JIANSHE

出版发行：北京体育大学出版社
地　　址：北京市海淀区农大南路 1 号院 2 号楼 2 层办公 B-212
邮　　编：100084
网　　址：http://cbs.bsu.edu.cn
发 行 部：010-62989320
邮 购 部：北京体育大学出版社读者服务部 010-62989432
印　　刷：唐山玺诚印务有限公司
开　　本：710mm×1000mm　　1/16
成品尺寸：170mm×240mm
印　　张：13.25
字　　数：200 千字
版　　次：2021 年 11 月第 1 版
印　　次：2021 年 11 月第 1 次印刷
定　　价：88.00 元

前言

通常，我们可以将人才理解为具有一定的专业知识或专门技能，进行创造性劳动并对社会做出贡献的人。人才是新时代社会、经济发展的决定性要素，是首要资源。可以说，人才的数量和质量，对国家、社会及各个领域的发展都会产生决定性的影响。我国的篮球运动水平相较于国际篮球强国来说，还有一定的差距，需要将质量更高的后备人才逐渐推送出来，提升我国篮球运动的整体水平。因此，为了避免人才断层现象的出现，必须做好后备人才的选拔、培养与培训工作，这是非常重要且必要的。

篮球后备人才的数量和质量，取决于后备人才的选拔与培养、培训工作。这是笔者撰写《篮球后备人才选拔与培训体系建设》一书的主要原因。此外，当前我国篮球运动发展势头不甚理想，除姚明之外，尽管也有王治郅、巴特尔、易建联等球员被 NBA 认可，但是，他们的影响力在逐渐减弱，尤其是近年来崭露头角的篮球运动员，需要进一步强化他们的训练，提升其专项水平。关于篮球后备人才的研究，所涉及的研究内容较为宽泛，没有突出选拔与培训两个重点，就会使篮球后备人才的选拔与培训体系建设与发展完善缺少科学的理论支持与基础保障。上述内容，都是促使笔者撰写本书的重要原因，希望本书能够为篮球后备人才体系的建设提供依据与支持。

本书共八章，第一章对篮球后备人才培养的现状进行了调查和分析，使读者能准确把握我国篮球后备人才的发展与培养状况，具有客观的现实意义。第二章对篮球后备人才的基础理论与知识体系进行了分析，能使读者在建立初步的理论基础的同时，了解相关的知识体系。第三章和第四章是对篮球后备人才选拔的研究，涉及相关的科学理论基础和具体选拔指标体系的构建，具有重要的理论指导价值。第五章以第三章和第四章为基础，首先对篮球后备人才培养的体制进行了分析，然后重点分析了几种不同的人才培养途径，具有实践指导意义。第六章和第七章分别对青少年篮球教学、训练体系的建设与发展进行了研究，这对篮球后备人才水平的提升具有积极的促进作用。第八章对篮球后备人才综合素质的培养与训练进行了探索，从后备人才自身出发，对其进行相关能力的培养和提升，具有基础性的作用。

综上所述，本书通过凝练的语言、清晰的结构、丰富的知识点，以篮球后备人才的发展为立足点，从选拔和培训两个方面着手，对篮球后备人才的建设与发展进行了探索和研究，希望能为我国篮球运动的未来发展和整体水平提升奠定一定的基础。同时，本书具有科学性、系统性、针对性、发展性、新颖性等显著特点，具有较高的参考价值。

在撰写过程中，笔者参考并借鉴了相关专家、学者的研究成果和观点，在此表示最诚挚的感谢！另外，由于时间和精力有限，书中难免出现不足，敬请广大读者批评指正！

戴志东

2021 年 9 月

目录

第一章
篮球后备人才培养现状调查与分析

21 世纪最重要的是人才，社会各行各业的发展都离不开人才，人才是推动社会不断向前发展的重要力量。随着我国体育事业的不断发展，我国各项体育运动都获得了不错的发展，其中我国的竞技篮球运动水平居于亚洲前列，在世界上也有一定的竞争力。然而，需要注意的是，随着姚明、王治郅、易建联 7 等球星的退役，我国篮球人才出现了青黄不接的局面，其中一个很重要的原因就是对篮球后备人才的培养不够重视。因此，加强篮球后备人才的培养至关重要。

第一节　我国篮球运动发展现状

多年来，我国篮球运动获得了快速的发展，在亚洲范围内处于顶尖水平，中国国家篮球队屡次在世界大赛上取得不错的成绩，可以说我国的篮球运动无论是在竞技运动、学校教育，还是在大众领域都获得了不错的发展，影响力在逐步扩大，我国从事篮球运动的人也越来越多。在调查与分析我国篮球运动的发展现状前，先介绍一下现代篮球运动的发展概况。

一、现代篮球运动发展概况

（一）现代篮球运动的缘起

1. 篮球运动产生与发展的背景

与国外相比，我国篮球运动的发展时间还较短，与篮球强国如美国、西班牙、阿根廷等相比，我国的篮球运动水平还处于一个相对落后的局面。这与我国篮球运动的发展历史有着直接的关系。我们在分析篮球运动的发展时，要将其置于一定的历史背景下进行研究。19 世纪初，随着社会生产力的逐步提高，人们的生活质量得到了提升，生活方式也发生了一定的转变，人们从单纯地追求物质生活开始向追求精神文化生活转变，这种思想观念的转变为篮球运动的产生奠定了充分的基础。

总体来看，推动篮球运动产生与发展的社会条件主要包括以下几个方面。

（1）人们空闲时间的增多。19 世纪以来，伴随着工业革命的进行，出现了大量的新技术，生产方式也得到了变革。在这样的情况下，社会生产力得到了极大的提高，人们也拥有了更多的空闲时间。这为人们参加各种各样的体育活动奠定了充分的基础。

（2）生活方式的转变使人们的思想观念得以转变。现代社会的快速发展使得人们的思想观念也由过去只追求丰富的物质生活转变为追求积极、文明的精神生活。在这样的历史背景下，社会变革的速度也逐步加快，因此出现了各种健康文明的能满足人们身体和心理需求的活动性游戏，篮球运动就是其中重要的代表性项目。

（3）科技实力的增强。伴随着工业革命的进行，美国的经济实力得到了极大的提高，科教文化事业受到了极大的重视，这为篮球运动的起源与发展奠定了良好的社会基础，它在美国产生后又迅速在西方国家得到了推广与普及。

2. 篮球运动的初步形成

篮球运动的产生是历史发展的必然，但也具有一定的偶然性，可以说偶然与必然的结合催生了篮球这项运动。1891 年，美国出现了特大暴风雪，整个美国都遭受了暴风雪的袭击，在这样恶劣的天气条件下，在全美非常流行的棒球运动无法开展，而当时也缺乏人们感兴趣的室内运动项目。在这样的情况下，人们急需一种能满足在恶劣的天气条件下进行的室内运动，并且这一运动项目要具有一定的娱乐性和趣味性，能满足人们的休闲需求。经过调查，人们对这一运动项目的要求如下：第一，既要有对抗性又能体现文明性，要与传统的美式足球和体操有区别；第二，形式比较自由，受场地、天气、时间等因素的限制较小；第三，适合不同年龄、不同性别的人参与，要有较强的趣味性，便于推广和普及。

经过一段时间的探索与改良，詹姆斯・奈史密斯博士设计出了符合人们要求的投篮游戏，具体来说，就是将放置在地面上的筐悬挂于室内两侧离地面约 10 英尺（约 3.05 米）处的墙壁上。最初，它主要是让参与者用足球向篮筐做投掷动作，投入篮筐内得 1 分，投中多者获得比赛胜利。这就是现代篮球运动的雏形。由此可见，篮球运动的产生既有必然性又有一定的偶然性。

3. 篮球运动的诞生

伴随着实践的不断发展，奈史密斯对篮球游戏进行了一定的改良。需要注意的是，最初篮筐的底部是封闭的，球无法从上面掉落下来，这非常不方便，不利于游戏的流畅进行。后来，奈史密斯经过不断地探索与改进，将篮筐底部去掉，并在篮球场地两边放置两个立柱，将篮筐安装在立柱上。这一变化极大地改变了篮球运动原有的游戏方式，使游戏更加顺畅，方便了人们的参与，因此得到了迅速传播与发展。

最初的篮筐是竹篮，随着时间的推移，竹篮逐步被铁篮所替代，后来又被改为铁圈，并在铁圈下面挂网，这与现代篮球运动的篮筐非常接近。鉴于奈史密斯对篮球运动的贡献，人们将篮球这项运动称为“奈史密斯球”或“筐球”。后来，经过反复商量后，又将这种游戏命名为“篮球”。从此，篮球这项运动的名称就被确定了下来，并在世界各地得到了迅速传播与发展。

（二）篮球运动的发展概况

一般来说，可以将篮球运动的发展历程划分为以下几个阶段。

1. 初创萌芽阶段（19 世纪 90 年代至 20 世纪 20 年代）

这一阶段是篮球运动的初创萌芽阶段，篮球运动在这一阶段萌芽并获得了初步发展。

（1）篮球运动的迅速传播。篮球运动自诞生以来，以其较强的娱乐性和休闲性受到了人们的推崇，迅速在欧美国家传播与发展。随着时间的推移，它在世界范围内开始逐渐流行，并渗透到社会的各个领域，逐渐发展成了一项深受世界各地人们喜爱的运动项目。

1904 年，美国青年会男子篮球队应邀在第 3 届奥运会上进行了篮球表演，给当时的观众带来了耳目一新的感觉。1908 年，世界上第一部篮球比赛规则问世，该规则的制定标志着篮球运动的进一步成熟，在统一的规则下，篮球运动迅速传播至世界各地，这彰显出了其强大的生命力，并为后来篮球运动的发展奠定了良好的社会基础。

（2）初步形成篮球运动的技战术。比赛规则的出现是篮球运动获得快速发展的一个重要保证，随着实践的深入，篮球比赛规则得到了极大的优化，这项运动走上了规范化发展的道路。为适应篮球比赛的规则，篮球技术的更新速度也越来越快，逐渐形成了完善的技战术体系。

1897 年，篮球运球技术出现，这为篮球技术的快速发展拉开了序幕。

1910 年，出现了各种篮球技术动作，如单手低手传球、双手低手传球、单手肩上投篮等。这些技术动作的出现标志着篮球运动内容的进步与完善。

1928 年，出现了跳起投篮等技术动作。同年，篮球技术的合规性在篮球比赛规则中被明确下来。

（3）初步形成篮球竞赛规则。篮球竞赛规则中不仅阐述了篮球运动正确和规范的技术动作，而且也对错误动作做了明确的说明，并且提倡“积极进取、团结合作、公平竞赛、行为高尚”的篮球运动精神。

在篮球运动发展的初期，篮球比赛规则还很不健全，只规定了比赛双方的人数均等即可，对比赛场地、设备、器材等并没有严格的要求。在投篮得分方面，只要投进就算得分，最后得分多者获胜。

1892 年，篮球竞赛规则进一步完善，出现了有 13 条规则的《青年会篮球规则》。这一规则确定了篮球比赛的基本要求，对比赛中运动员身体的接触部位做了明确的限制，还规定了比赛中不允许个人持球跑动等。

1893 年，篮球规则的内容进一步完善，新增了 8 条规则，合计 21 条。

1894 年，又增加了在比赛中每次投中、罚中后要在中圈处进行跳球的规定。

1895 年，规则规定参赛双方人数为 5 人。这一规则一直沿用至今。

1915 年，美国整合了以前的篮球规则，并根据实际情况制定出了统一的篮球比赛规则。

经过长期的发展与实践，篮球运动在硬件设施（场地器材）和软件设施（竞赛规则）方面都得到了很大的完善，篮球运动得以快速发展。

2. 完善推广阶段（20 世纪 30 年代至 20 世纪 40 年代末）

这一阶段是篮球运动的完善推广阶段，篮球运动主要在以下几个方面获得了快速的发展。

（1）成立国际业余篮球联合会。1932 年 6 月 18 日，国际业余篮球联合会正式成立。该联合会的主要任务包括以下两个方面。

第一，统一制定与更新世界篮球规则。在国际业余篮球联合会的主导下，初步制定了国际上统一的篮球竞赛规则，其具体内容如下所述。

①规定参赛双方各为 5 人。

②修改了比赛中的进攻限制区域。

③比赛中进攻方投篮时遭受犯规，如果投中就罚球一次，如果没有投中就罚球两次。

④比赛共分两节，比赛时间修改为每节 20 分钟。

⑤进攻方获得球权后必须在 10 秒内通过中线，否则视为犯规，要交换球权。

第二，促进篮球运动由业余走向正式。在第 11 届奥运会上，篮球成为正式比赛项目，从此篮球运动进入了新的发展时代，获得了突飞猛进的发展。

（2）不断完善篮球技战术。篮球运动之所以能够获得快速的传播与发展，除了与竞赛规则的完善有一定关系外，还与篮球技战术的不断更新与发展有着极为密切的关系。1930 年，单手胸前投篮技术和双手抛球投篮技术逐渐被双手胸前投篮技术所取代，掩护、配合等战术日益受到重视。随着篮球运动的进一步发展，策应、快攻、区域联防、人盯人防守等战术层出不穷，极大地丰富了篮球运动的技战术体系，推动了篮球运动进一步向前发展。

（3）举办国际比赛。随着篮球运动的不断发展，各类赛事也层出不穷，这极大地丰富了篮球运动的文化体系。世界各国、各地区每年都会举办大量的各种形式的篮球比赛。1935 年在国际篮联的组织下，第 1 届欧洲男篮和女篮比赛成功举办；1950 年举办了第 1 届世界男子篮球锦标赛，1953 年举办了第 1 届世界女子篮球锦标赛。各类型的篮球赛事开始逐渐增多，极大地推动了篮球运动在世界范围内的发展。1960 年，在亚洲篮联的组织下，第 1 届亚洲篮球锦标赛得以举办，这是亚洲最高级别的篮球赛事。

3. 普及发展阶段（20 世纪 50 年代至 20 世纪 60 年代末）

这一阶段篮球运动的普及与发展具体表现为以下几个方面。

（1）运动员的身高不断增加。随着篮球运动的不断发展，篮球运动员的身高也越来越高，这与运动选材有关，也与篮球运动的进步有关。身高优势在比赛中能得到很好的体现，身材高大的篮球队员在赛场上的优异表现，给国际篮球运动的发展带来了极大的冲击。高中锋打法成了篮球比赛的主流打法，这对篮球运动的选材与发展产生了深远的影响。

（2）对篮球比赛规则的影响。为了保障篮球比赛的顺利进行，篮球规则几经修改和完善。这一时期，人们对篮球进攻方的进攻时间和行为做了一定的修改，如将一次进攻的时间限制为 30 秒。这一时期曾经取消过中场线，但后来经过商讨又将其恢复。

（3）篮球技战术的全面发展。在篮球比赛中，速度和高度非常重要，这是取胜的关键因素。例如，快攻战术和全场紧逼人盯人防守战术，在很长的一段时间里都非常流行，它们都是建立在速度和高度的基础之上的。后来，随着时间的推移，又出现了注重力量、速度和高度的美国型打法和以快、灵、准、稳相结合的亚洲型打法。这标志着篮球技战术开始向着全面化的方向发展。

4. 全面提高阶段（20 世纪 70 年代至 20 世纪 80 年代末）

这一阶段是篮球运动全面提高的阶段，该阶段主要呈现出以下几个特点。

（1）身高、攻守转换速度等仍然受到重视并获得了进一步发展。这一时期，篮球运动员在个人高度和技术方面都达到了有机统一，在团队协作方面，也形成了各种形式的战术配合。这一切都表明篮球运动向着高强度、高对抗、高速度、高技巧的方向发展，这与我国当今的篮球比赛非常相似。

（2）这一阶段，篮球竞赛规则进一步完善，增加了 3 分球和追加发球的规定，基于此，篮球技战术体系更加丰富。

（3）20 世纪 70 年代中期，女子篮球成为第 21 届奥运会正式比赛项目，这是篮球运动发展的一大进步。随着篮球运动的传播与发展，参与运动的人日益增多，竞技水平也越来越高。

5. 创新发展阶段（20 世纪 90 年代至今）

这一阶段是篮球运动的创新发展阶段，具体体现在以下几个方面。

（1）国际篮球联合会的发展。20 世纪 90 年代后，国际篮球联合会规定职业运动员可以参加奥运会比赛，这极大地提升了奥运会篮球比赛的竞技水平和观赏度。这一时期的篮球运动也开始向着竞技化、智谋化、职业化、产业化的方向发展。

（2）竞赛规则得到适时修改。随着篮球运动的不断发展，篮球技战术体系日益丰富，战术配合也越来越精湛，赛场内的攻守区域也趋向模糊，双方对时空的争夺更加激烈，这极大地提升了篮球运动的艺术观赏性。在这样的情况下，篮球规则被不断地修改和完善，在比赛速度、高空争抢、场地区域、攻守技术以及全场比赛的时间和方式等方面都做了新的规定。这些规则的修改和完善促使篮球运动进一步发展，这使其在世界上的影响力逐步扩大。

二、我国职业篮球现状

1995 年篮球职业化改革后，我国职业篮球联赛得到了迅速的发展，其中最具代表性的职业篮球比赛就是中国男子篮球职业联赛和中国女子篮球甲级联赛。下面就两种国内顶级篮球职业联赛进行详细介绍。

（一）中国男子篮球职业联赛

中国男子篮球职业联赛，以下简称 CBA，是由中国篮球协会主办的跨年度主客场制篮球联赛，也是中国最高等级的篮球比赛。这一联赛的时间长度和赛制与美国的 NBA 有着一定的相似之处。

中国男子篮球甲级联赛是 CBA 的前身，它是在 1954 年全国篮球联赛的基础上建立起来的，并于 1956 年甲乙级升降联赛制度颁布后开始的，每年举行一次。

1994 年 12 月，中国篮球协会对男子篮球比赛进行了重大改革，我国的篮球赛事开始步入正轨。

1995 年 10 月，中国篮球协会制定和颁布了《中国篮球协会运动员转会暂行条例》和《俱乐部暂行管理条例》，这标志着中国篮球职业化改革的开始。

1995 年 12 月，中国篮球协会宣布全国男篮甲级联赛将实行主客场、跨年度的新赛制，这吸引了大量的篮球运动爱好者。

2005 年，中国男子篮球职业联赛成立，我国篮球职业联赛得以规范化发展。经过一段时间的发展，中国男子篮球职业联赛已经成为亚洲地区水平最高的篮球联赛。

随着篮球运动的逐步发展，中国篮球协会进行了一系列改革，进一步完善了篮球竞赛体制和俱乐部管理制度，这推动了我国篮球职业联赛的健康发展。八一俱乐部的著名中锋王治郅于 2000—2001 赛季作为亚洲篮球第一人加入 NBA 达拉斯小牛队，这标志着我国篮球运动员开始走向世界最高水平的联赛。

2001—2002 赛季，北京首钢俱乐部的中锋巴特尔加入 NBA 丹佛掘金队。

2002—2003 赛季，上海东方篮球俱乐部的著名中锋姚明参加 NBA 选秀，被休斯敦火箭队选中，他是 NBA 历史上第一位外籍状元。此后，中国篮球运动员易建联、孙悦也相继参加了 NBA 选秀，并被选中。这些都标志着我国篮球运动的发展进入了一个新的阶段，大量的高水平运动员的涌现对我国篮球运动的发展具有极大的推动作用。

目前，我国举办篮球职业联赛已经超过 20 个年头，虽然联赛在亚洲范围内属于顶级的水平，但与美国的职业篮球联赛相比仍然有着较大差距，存在不少问题，如经营机制尚不健全，管理模式不完善，转会制度不规范等，这些都有待于进一步解决和完善。为推动我国篮球运动的进一步发展，我们必须借鉴国外的先进经验，并结合我国篮球运动的发展实际，走出一条中国篮球运动的特色化发展道路。

（二）中国女子篮球甲级联赛

中国女子篮球甲级联赛，以下简称 WCBA，是由中国女子篮球协会主办的跨年度主客场制篮球联赛，是中国最高等级的女子篮球比赛。WCBA 创建于 2002 年，是中国首次举行全部主客场制的女篮比赛。WCBA 分两个阶段进行：首先是预赛，采用主客场赛制进行双循环比赛，按积分排出 12 个队的预赛名次；预赛前 4 名按照比赛名次自行选择对手，1/4 决赛和 1/2 决赛实行 3 战 2 胜的交叉淘汰赛；总决赛实行 5 战 3 胜制。该联赛从每年的 11 月开始到次年 3 月底结束。比赛期间实行一周双赛，全部比赛共 155 场，每队最少打 22 场，最多打 33 场。WCBA 可以说是亚洲顶级水平的女子篮球联赛，但同时也存在不少问题，如观赛人数较少、市场缺乏活力等，这些都有待于进一步解决。

三、大学生篮球运动现状

伴随着我国体育事业的发展，篮球运动在高校中也得到了一定的普及与发展，其中一个很明显的例子就是大学生篮球联赛的举办，中国大学生篮球联赛和中国大学生篮球超级联赛是两项比较重要的大学篮球赛事，其发展对于我国校园篮球运动的发展及篮球运动后备人才的培养都具有重要的意义。

（一）中国大学生篮球联赛

1998 年 3 月，中国大学生篮球联赛成立并进行了首届比赛。这一篮球赛事是我国第一个面向高校、面向社会，以培养高水平篮球运动员、采用产业化发展模式的大学生专项运动联赛。它以育人为宗旨，以弘扬篮球文化为特色，以推动中国篮球运动的普及与提高为己任，对加快我国篮球运动与国际接轨，推动我国篮球运动的产业化发展都是非常有帮助的。

中国大学生篮球联赛的成功举办在社会上产生了广泛的影响，它树立了我国大学生积极、健康、向上的形象。随着联赛的不断发展，其竞赛体系也日益完善、竞技水平不断提高，涌现出了一大批高素质的篮球人才。另外，中国大学生篮球联赛还顺应了高等教育改革和竞技体育机制改革的需要，成为 CBA 的人才储备库，是我国职业篮球的重要后备力量。随着这一赛事水平的不断提升，参与赛事的人员也不断增多，同时也吸引了大量的赞助商，产业化水平也日益提高，这对于我国篮球运动的发展是非常有利的。

中国大学生篮球联赛对参赛者有一定的限制，那就是运动员必须是在中国职业篮球联赛中注册的在校大学生。比赛时间为每年 9 月至次年 5 月；比赛分基层预赛、分区赛和决赛三个阶段。该联赛具体的比赛方法如下。

1. 基层预赛

一般来说，该联赛的基层预赛在每年的 9～10 月举行，各省、市、自治区、特别行政区在每年暑假新生入学后组织预赛，并由各省、市、自治区、特别行政区的大学生体协、联赛组委会分会领导下的基层选拔领导小组确定具体的比赛时间、地点及比赛方法。另外，基层预赛、分区赛、决赛都必须以学校为单位进行，并且有条件的地方应采用主客场制。

2. 分区赛

该联赛的分区赛由各省、市、自治区、特别行政区基层预赛中的男女冠军队参加。分区赛分四个赛区，即东南区、西南区、西北区、东北区。各赛区的比赛时间分别为：东南区 12 月 1 日—12 月 7 日；西南区 12 月 8 日—12 月 14 日；西北区 12 月 15 日—12 月 21 日；东北区 12 月 22 日—12 月 28 日。

分区赛第一阶段的比赛将参赛队伍分两组进行循环赛，并排出各组的名次。第二阶段取两组的前 4 名，进行交叉淘汰赛，最后产生冠、亚军队参加决赛。

3. 决赛

该联赛的决赛在次年的 4 月 20 日—5 月 30 日举行，参赛队伍为各个赛区中男队的前 2 名，共 8 个队，进行淘汰赛，优胜队采用主客场制。女队每区各取 1 名，共 4 个队，进行淘汰赛，优胜队采用主客场制。

（二）中国大学生篮球超级联赛

2004 年 10 月中国大学生篮球超级联赛成立，比赛的时间从每年 11 月至次年的 6 月。比赛赛程一共分为三个阶段，即常规赛、季后赛和总决赛。与中国大学生篮球联赛不同，中国大学生篮球超级联赛具有以下几个特色。

（1）它是由中国大学生体协和中国篮协共同主办的联赛，允许专业队员参加，这极大地提升了这项赛事的竞技水平。这些专业队员只要被各高校录取，同时符合联赛的其他参赛条件，就可以代表所在高校参加比赛。这一赛事的出现对于我国篮球后备力量的培养是一大利好，不仅能提升我国篮球赛事的水平，而且能为我国的职业篮球发展输送高质量的人才。

（2）中国大学生篮球超级联赛展示了我国高等院校的良好形象，对于营造浓厚的大学篮球文化氛围具有重要的意义和作用。另外，该超级联赛作为篮球文化和校园文化的结合对我国篮球运动的长远持续发展也具有重要的战略意义。

（3）中国大学生篮球超级联赛的商业化运作极大地提升了体育产业的附加值，刺激了体育产业经济的发展。该超级联赛的成功离不开合理的包装和有效的商业运作。其商业包装在大学生体协的领导下，委托专业的体育经纪团队作为联赛的推广商，这样，赞助商和联赛协会都能获得一定的经济效益和社会效益。

第二节　我国篮球后备人才培养的必要性

21 世纪最重要的是人才，人才在现代社会发展中扮演着非常重要的角色。在竞技体育中，篮球运动的发展也需要大力培养高素质的人才，这不仅能增加国家篮球人力资源的储备，而且能进一步提升篮球人口素质，推动篮球运动的可持续发展。由此可见，加强篮球后备人才的培养十分必要，本节笔者将重点探讨篮球后备人才培养的重要性。

一、我国篮球人才发展现状

（一）我国篮球人口的萎缩

受举国体制的影响，我国曾经集中一切人力、物力、财力等资源大力优先发展奥运项目和优势项目，一些投入多、产出少、效益低的集体项目被置于不显眼的位置，其发展远远落后于这些奥运项目。受这一体制的影响，篮球运动并没有获得快速健康的发展，最初贵州、云南、新疆等地甚至在一段时间里撤销了篮球队，这对于篮球运动的发展是非常不利的。

目前来看，我国的篮球场地及场馆还远远不能满足篮球运动爱好者的需要，社会上有很多的篮球场馆被占用，有的室外篮球场被参加广场舞的人群占用，有的篮球场在周末被出租承办各种展览活动，人们参加篮球运动的空间受到了压制。没有了运动的场所，篮球运动爱好者就没有了参加这一运动的去处，这使篮球人口逐步萎缩，难以在社会上形成一个良好的篮球文化氛围，非常不利于篮球运动的发展。

（二）我国篮球人才的流失

受各方面因素的影响，我国篮球人才近年来出现了流失的现象，主要受以下几个因素的影响。

（1）经济发展水平。竞技体育的发展受经济发展水平的影响非常大。以湖北省为例，与我国经济发展水平较高的省份相比，湖北省的经济实力处于相对较低的水平，在这样的情况下，在运动方面的财政投入较少，也就不会有充足的资金被投入篮球运动，制约了篮球运动的发展。

（2）体育训练体制、篮球职业社会声望、人才市场机制等。篮球人才的流失还在一定程度上受到体育训练体制、篮球职业社会声望、人才市场机制等因素的制约。受这几方面因素的影响，我国篮球人才或多或少出现了流失的现象。

（3）培养体制。在传统的培养体制下，为追求运动成绩，大部分运动队只重视成年运动员的培养，而对青少年篮球人才的挖掘与培养不够，这严重打击了基层篮球运动员和教练员的积极性，致使篮球人才大量流失。

（4）竞技体制。我国一直以来实行的都是举国体制，这一体制对我国各个运动项目都造成了重大的影响。虽然它能使我国运动员在奥运会、亚运会和全运会上获得优异的比赛成绩，但这种形式的发展是有失偏颇的，不利于各项运动的长远发展。

（5）运动员自身。篮球人才的流失，除了以上阐述的几个原因外，还与运动员自身的情况有着一定的关系。篮球人才的流失还受到运动员年龄、职业发展机会等因素的影响。篮球运动员的职业运动生涯非常短暂，由于他们的文化水平相对较低，在退役后很难找到适合自己的工作。在这样的情况下，很多有流动能力的运动员就会寻找其他的发展机会，导致出现篮球人才流失的局面。

（三）我国篮球人才合理流动的重要性

目前来看，我国篮球运动的职业化水平并不高，并且还带有一定的计划经济体制的痕迹。在各省市及职业化篮球运动发展的过程中，运动员到底是“混乱地流失”还是“合理地流动”是一个值得探讨的问题。毋庸置疑，人才交流可以推动我国篮球运动的进一步发展，但如果缺乏合理的科学制度的制约，存在较多的违规操作行为，就会导致篮球人才的大量流失，从而影响人才培养的质量。这对于各省市篮球运动的发展和我国篮球运动职业化水平的提升都是非常不利的。

（四）促进篮球人才合理流动的措施

1. 明确政府职责

当前我国已进入市场经济发展的时代，在社会主义现代化建设背景下，仅仅依靠市场的调节是远远不够的，难以实现资源的有效配置。为了实现资源配置的良好效果，要将市场机制与政府宏观调控结合起来。在体育产业发展的过程中，加强政府的宏观调控是一项非常重要的手段。一方面，我国当前的产业法规及体育制度还不健全，很多方面亟须完善。另一方面，我国竞技运动水平发展不平衡，有的地区人才引进难度较大，必须通过宏观调控才能推动人才的流动。

针对篮球人才市场，政府所采取的宏观调控主要表现在以下几个方面。

（1）建立一个健全和完善的篮球人才市场体系。

（2）结合篮球运动发展的规律与特点，不断更新和完善篮球人才市场的法规体系。

（3）预测篮球运动发展的趋势，制定一个长远的篮球人才市场发展规划。

（4）处理好篮球产业市场中各个主体之间的关系，促使其和谐发展。

2. 充分利用社会力量

随着时代的不断发展，原有的竞技体育人才培养体制已不再适应现代社会的发展要求，政府部门除了要依旧发挥自身的作用外，还要积极吸纳社会团体、企业、学校等各方面的力量参与体育人力资源的配置，这样才能有效推动我国体育事业的发展。

因此，推动我国篮球后备人才的培养，也要建立这样一种机制，加强政府部门与社会力量的结合，实现体育人力资源的合理配置。目前，社会上存在的合作制、股份制等都是可以参考的形式，都能在篮球后备人才的培养中发挥积极的作用。在社会力量介入的过程中，政府部门要充分利用目标导向和政策杠杆，引导这些社会力量顺利展开工作，使二者协调发展。在这样的形势下，我国篮球后备人才的培养与发展才能实现规范化发展。

3. 跨区域合作，优化资源配置

当前，我国竞技体育事业还存在政策不健全、环境不稳定、运作不规范等问题，使体育人才交流出现了一些矛盾，这非常不利于竞技体育的发展，不利于体育人才的沟通与交流。针对这一情况，体育行政部门应在完善体育人才资源注册管理的基础上，制定一些促进体育人力资源定期服务和定期交流的轮换制度，也可以制定一些倾斜制度，如提高工资及福利待遇、在专业技术职务评聘方面给予照顾等，促进体育人才的流动与交流。这对于我国篮球人才的发展是比较有利的。

4. 引进市场机制，建立和完善体育市场法治体系

当前，我国体育人才市场的发展还存在不少问题，除了以上几个方面的对策外，我们还可以以市场机制为突破口，加强体育市场的法治建设。这对于促进我国体育人才市场的流动也是非常有帮助的。

（1）强化体育人才竞争机制。一方面，对于我国政府部门而言，要结合时代发展的形势，逐步减少行政干预，走市场化发展的道路；另一方面，要加强对篮球运动的投入力度，建立完善的篮球人才培训体系，既要扩大后备人才的选材规模，又要注重后备人才的发展潜力。

（2）加强培训与管理。国家体育总局应加强对篮球经纪人的管理，对篮球经纪人进行必要的监督与管理，定期或不定期地对他们进行一定的指导；执法部门要严格依照工商行政管理法规对篮球经纪人进行科学的管理，促使篮球经纪市场顺利发展。

（3）完善体育人才供求机制。建立完善的体育人才供求机制对于我国篮球后备人才的流动也是非常重要的。这可以从以下两个方面进行。

一方面要求培养人才的供方必须面对市场，根据市场需求确定篮球后备人才培养的数量和规模；另一方面，当前我国区域经济发展不平衡，在体育方面也是如此，各地区的体育发展水平差距较大，因此，仅靠市场调

节是不够的，还需要政府的宏观调控，制定一些有利于我国篮球后备人才培养与发展的政策。

（4）建立网上人才市场。我国绝大部分的体育运动项目管理中心都已建立了相关的网站，这为篮球运动网上人才市场的建立提供了有利的条件。在未来的发展中，我们要从政策、法规、机制等方面努力完善人才市场的发展体系，为篮球后备人才的发展提供重要的保障。

（5）以运动员和教练员人才市场为核心。篮球运动的专业性很强，其中涉及多方面的要素，如教练员、运动员、经纪人、俱乐部管理人员等，这些都是重要的篮球人力资源，我们要以运动员和教练员人才市场为核心，同时加强经纪人与其他人才的培育。

（6）优化体育人才市场环境。为促进篮球人才市场的发展，还需要不断转变观念，更新人才发展理念。转变观念就是要树立市场和人才观念，要走市场配置的道路，这是市场经济发展的要求。同时，我们也不要忘了政府部门的宏观调控。只有如此，我们才能更好地实现篮球人力资源的合理配置，培养出高素质的篮球人才，进而推动我国篮球运动的健康发展。

二、我国篮球后备人才培养体制不完善

举国体制在给篮球后备人才培养带来好处的同时，也带来了一些不好的影响。

（一）举国体制的利与弊

为促进体育事业的快速发展，我国实行了举国体制，在这一体制下，我国各项体育事业获得了快速的发展。在篮球运动方面，我国也涌现出了一批高水平的篮球运动员，篮球运动水平居于亚洲前列，在奥运会、世界杯等大型赛事中也取得了比较不错的成绩。随着市场经济的不断发展及社会变革，现有的举国体制已难以适应现代竞技体育发展的要求，这就需要转变旧的体制与机制。在旧体制下，我国篮球后备人才的培养主要存在以下几方面的问题。

（1）随着体育事业的不断发展，我国对体育人才的培养也逐渐重视起

来。在大多数的培训机构中，篮球运动员都是从青少年时期开始接受训练的，通过多年的训练，他们的运动水平都能得到极大的提升，但是部分运动员的知识水平相对较低，缺乏必要的文化理论知识，这会影响运动员的全面发展。

（2）当前我国各级学校的篮球场馆较少，篮球器材有所欠缺，教练员水平也参差不齐，这在一定程度上影响着我国篮球运动的发展。

（3）就目前来看，我国大部分体校的运动员的文化水平较低，学训矛盾比较突出。

（4）我国各地区的差异较大，各地区之间的对抗比赛较少，运动员难以通过比赛评估训练效果，不能很好地提高篮球训练水平。

（5）当前我国中学与大学的篮球运动发展出现了一定的断层现象，大学生篮球队的水平普遍不高，这对于篮球后备人才的培养十分不利。

以上几个方面在很大程度上影响和阻碍了我国篮球后备人才的发展，这需要我们采取有针对性的措施和手段加以解决。

（二）完善篮球人才培养体制的措施与手段

1. 由举国体制转为多渠道培养

以往为了促进我国竞技体育实力的快速提升，我国实行了举国体制，这在当时取得了明显的成效，但随着时代的不断发展，这一体制已难以适应现代体育运动发展的需要，需要将单一的体制转为由国家和社会共同培养的多渠道、多形式的培养体制，建立一个多元化的体育发展体制，逐步增加篮球学校、篮球俱乐部，形成一个健全和完善的篮球人才培养体系。

2. 增加体育院校的师资

一般来说，体育院校都有较强的师资和较好的科研等条件，为充分利用好这些条件，应在重点体育院校成立篮球学校或者开设篮球班，努力提升运动员的综合技能。

在运动训练中，教练员起着非常重要的作用，只有在教练员的引导下，整个训练活动才能按部就班地顺利进行。因此，建立一支高素质的教练员队伍是非常重要的。这要求相关部门要加强对体育师资的投入，不断挖掘与培养大量的高素质的篮球教练员或管理人才，这对于我国篮球运动的长远发展具有重要的意义。

3. 增加篮球学校，形成一个健全的网络

当前，我国对篮球学校的投入相对不足，这制约着篮球运动水平的提高。为改变这一局面，相关部门应该增加篮球重点小学、中学和高校高水平运动队的投入，积极寻求社会赞助，加强篮球资源的配置建设。由此，形成一个从小学到中学再到大学的训练网，让学校成为输送高水平篮球运动员的重要阵地。

第三节　我国篮球后备人才培养的背景与现状

一、我国篮球后备人才培养的背景

（一）我国竞技篮球后备人才培养的发展态势

1. 竞技篮球后备人才培养的诞生阶段

新中国成立后，为促进我国竞技体育的发展，我国建立了一个在计划经济体制下由体委（现国家体育总局）统一管理的体育管理体系。在这一时期，体育人才培养非常强调体育工作的社会分工，形成了国家办（体委）、部门办（各行业系统）、单位办相结合的竞技体育后备人才队伍培养系统。这一系统的内容非常丰富，包括中小学运动队、体育传统项目学校、青少年业余体育学校等多个方面的工作。

2. 竞技篮球后备人才培养的调整阶段

20 世纪 60 年代至 80 年代，我国体育部门开始重视篮球后备人才的培养工作，发布了一系列关于篮球后备人才培养的文件。如 1963 年国家体委在发布的《关于试行运动队伍工作条例》的通知中就提到了培养优秀后备运动人才方面的内容。1965 年，有关部门还提出了建立具有一定水平的业余体育训练网，这是运动预备队的一个重要雏形。

通过多年的发展，我国篮球后备人才培养体系逐步健全，逐渐形成了以业余体校为中坚、以体委系统为管理主体、以输送优秀竞技运动人才为主要任务的培养体系。在这一体系的带动下，我国也涌现出了一大批高水平的篮球人才。

3. 竞技篮球后备人才培养的巩固与成熟阶段

20 世纪 80 年代我国篮球运动的发展步伐逐步加快，出现了一些专门培养篮球后备人才的体育运动学校，这对于推动我国篮球运动的长远发展具有深远的影响和意义。这些体育运动学校的出现，不仅加强了篮球后备人才的文化教育工作，而且解决了一部分社会就业问题，缓解了社会就业压力，对于我国社会的和谐稳定做出了一定的贡献。这一时期，我国逐渐形成了初级竞技人才培养、中级人才培训和专业运动队的“三级训练网”体系。实践证明，这一体系在一定历史时期内起到了非常重要的作用，促进了我国篮球运动的健康发展。

4. 竞技篮球后备人才培养的改革与重构阶段

20 世纪 90 年代至今，我国在篮球后备人才培养方面还存在不少问题，还没有建立和形成一个健全和完善的人才培养体系。例如，在招生方面，篮球后备人才培养的生源就存在一定的问题。受传统世俗观念的影响，很多家长不愿意将孩子送至体校进行训练，主要原因包括：运动训练非常艰苦且成才率非常低；现有的竞技体育体制导致运动员的文化水平较低，退役后难有好的工作和出路。因此，现有的竞技体育体制亟须进一步改革和重构。自 1995 年我国实行篮球职业化以来，各职业俱乐部都成立了自己的青年梯队，参加 CBA 组织的青年联赛，这在一定程度上提高了运动员的训练实战水平，提高了篮球后备人才的培养率，对于我国篮球运动的长远发展非常有利。

（二）新时代学校教育的要求

在学校教育中，体育教育是重要的组成部分，它承担着促进学生全面发展的重任。学校体育有着非常重要的功能，其发展在很大程度上推动着学校教育的发展，这突出表现在以下两个方面。

第一，体育活动的开展有效地推动了学校文化的传播与发展，满足了学生的体育需求和互动需求。

第二，通过开展体育活动，学生的个人爱好和体育特长都能获得发展。从学校层面来讲，发展学校体育能为学校的发展打下良好的基础，既能给学校带来荣誉，又能提高学生的素养①。

近年来，我国有很多高校纷纷效仿国外的篮球人才培养模式，这取得了一定的成果，但是在培养理念、培养目标、培养体系等方面还存在诸多问题，需要不断摸索、解决。总之，我国学生篮球运动员的发展机制和学生篮球运动员培养体系的构建已经成了实现学校体育全面育人功能的时代要求。

二、我国篮球后备人才培养的现状

（一）培养地区发展的现状

我国地大物博，各地区之间的差异较为明显，表现在篮球运动方面就是篮球后备人才的培养出现了不同地区梯队发展不平衡的情况。我国目前有很多地区的竞技体育水平相对落后，对体育的重视程度不够，业余体校很难承担篮球后备人才培养的任务。少数地区的青少年篮球培训的工作甚至已经处于停滞不前或者自生自灭的状态。大城市中，篮球学校和俱乐部由国家体育相关部门或依靠社会力量创办，其发展相对不受经济条件等的制约。相比之下，篮球后备人才培养的工作在其他地区的开展就比较困难。由于地域的不同，各地区经济的发展也不相同，这在不同程度上对篮球运动的发展及篮球后备人才的培养工作产生了不同的影响。此外，教练员业务水平参差不齐，学习管理不配套、青少年参加比赛的机会不均等因素，也使篮球后备人才培养的质量存在一定的差异。目前，我国有很多地方的体育部门为了获得优异的运动成绩，将大部分的资金都投入到了成人篮球运动队，对青少年篮球后备人才的培养不够重视。有关青少年的篮球比赛

① 孙凤龙. 我国学生篮球运动员培养体系研究[D]. 长春：东北师范大学，2018.

非常少，这对于篮球后备人才培养的健康发展是非常不利的。总体而言，我国大部分地区的体育部门在一定程度上忽视了对青少年篮球队的培养与管理，使得我国篮球人才出现了青黄不接的局面，严重影响了篮球运动的长远发展。

因此，我国体育管理部门要积极联合社会力量，通过整合各方面的资源加强篮球后备人才的培养工作，逐步缩小各地区的差距，实现共同发展。

（二）培养管理体制的现状

我国篮球后备人才的培养管理体制主要存在以下几个方面的问题。

1. 对篮球后备人才的管理

篮球后备人才的管理主要分为外部管理与内部管理两个方面。

（1）外部管理。在这一方面，篮球后备人才主要由各市教育、体育相关部门及体育协会等组织进行管理，有关篮球后备人才的管理工作都在这些部门及组织的领导下进行。

（2）内部管理。内部管理主要是指学校的管理工作，通常在校长的领导下，由体育教研组组长负责。由于学校、教练员、运动员的利益目标不尽相同，因此培养目标也存在一定的差异。

2. 篮球运动队的内部管理

对一个篮球运动队而言，内部管理质量如何将对其运营与发展产生至关重要的影响。目前，在篮球运动队的内部管理方面，主要存在部门工作协调配合不默契、篮球人才培养的意识缺乏等问题。这对于我国篮球后备人才的培养是十分不利的。

（三）培养经费投入的现状

经济基础是一项事物得以发展的重要前提，对于篮球运动的发展也是如此。篮球运动的发展离不开经济建设，经济基础是篮球后备人才培养的基本条件。经济发展水平直接影响篮球队的水平、结构、规模和对后备人才培养的手段。

虽然篮球运动在我国学校教育中比较受重视，是我国学校开展得较好的体育课程之一，但很多学校也存在着经费不足的情况。学校篮球运动的经费主要来源于学校和上级行政部门的拨款，缺乏社会力量的资助，资金来源比较单一。没有良好的经济保障，会使篮球后备人才的培养工作举步维艰。

（四）篮球教练员的现状

在运动训练中，教练员扮演着非常重要的角色，运动员的一切训练活动都是在教练员的指导下进行的。因此，建立一支高质量的教练员队伍对我国篮球运动的发展具有深远的影响和意义。

下文主要分析了当前我国篮球教练员的基本现状。

1. 教练员的教龄

调查与研究表明，一名教练员的最佳执教年龄为40～50岁。通常情况下，处于这一年龄段的教练员拥有丰富的教学经验，具备良好的球队组织与管理能力。但实际上，处于这一年龄段的教练员仅占很小的比例；30～40岁的教练员接受新事物的能力比较强，能培养出综合能力较强的运动员，但这一年龄段的教练员也不是很多。经调查，年龄在29岁以下的教练员数量最多，这一部分教练员一般具有较高的篮球运动水平，但执教经验有所欠缺，不能妥善地处理训练中出现的各种问题。由此可见，目前我国篮球教练员的年龄结构还不是很合理，今后需要逐步改进和完善。

2. 教练员的学历

调查发现，目前我国各篮球运动队教练员的学历普遍较低，拥有本科及以上学历的教练员仅占很小的比例。因此，那些学历水平较低的教练员要积极上进，通过学习和考试努力提升自己的学历水平。对于那些学历较高，但缺乏执教经验的教练员来说，他们需要不断积累经验，努力提升自身的篮球执教水平，为运动员训练质量的提高奠定良好的基础。

3. 教练员的技术职称结构

调查发现，当前我国篮球教练员的技术职称结构存在不合理的现象，具有高级技术职称的教练员仅占很小的比例。通常情况下，技术职称越高的教练员，其执教水平就越高，因此篮球教练员职称结构的改进与完善也是一件不容忽视的事情。

（五）培养、评价机制的现状

建立一个健全和完善的篮球运动评价机制能为我国篮球后备人才的培养与训练提供重要的保障，因此我国相关体育部门要对此给予高度重视。一个完善的篮球运动评价机制主要包括人才选拔、人才培养、人才训练等，这些方面缺一不可，要统一起来进行。目前来看，我国绝大部分地区都没有建立完善的篮球运动评价体系，这需要不断的努力。

篮球后备人才的选拔非常重要，篮球运动强国如美国、西班牙等都非常重视篮球人才的选拔，经过长期的发展，基本都建立了完善的选拔指标体系。我国在这方面则比较欠缺，篮球人才选拔评价指标还很不全面，如只重视比赛的结果，忽略了对比赛过程中运动员发挥的评价等，这种标准是不客观的，难以评估运动员的真实水平。

第四节　我国篮球后备人才培养的趋势

目前，我国篮球后备人才的培养逐步受到了相关部门的高度重视，这是一个好的现象，对于我国篮球运动的发展具有重要的意义。我国篮球后备人才的培养主要呈现出以下几个趋势。

一、篮球人才培养的多元化发展

目前，我国体育相关部门非常重视青少年篮球人才的培养，不论是在硬件建设还是在软件建设方面都投入了大量的精力。在政府部门的支持下，社会上出现了多种篮球运动培训模式，如篮球学校、篮球俱乐部等，这种多元化的人才培养模式能培养出更多高质量的篮球后备人才。

篮球人才多元化培养模式的建立主要有两方面的作用：一方面，它顺应了现代社会及篮球运动发展的需要，是历史发展的必然；另一方面，篮球人才多元化培养模式的建立对于篮球产业化发展具有极大的推动作用，对于篮球后备人才培养途径的更新有着重要的意义。

二、篮球人才培养的学院化发展之路

为挖掘和培养全面发展的篮球后备人才，体教结合是非常不错的模式。这种模式以教育为依托，在教授篮球人才基本文化知识的基础上开展各种科学的训练活动，能有效提升篮球人才的综合素质。

当前我国学校体育教育的发展已进入一个新的阶段，各方面都有了一定的改善，这突出体现在体育教学观念的改变、体育设施的更新、体育活动的组织与管理等方面。这为学校篮球训练活动的开展奠定了良好的基础。中国大学生篮球联赛、中国大学生篮球超级联赛等的举办有效地提升了篮球后备人才的竞技水平，这对于我国校园篮球运动乃至整体篮球运动的发展都具有重要的意义和作用。

为推动我国篮球运动的发展，在发展自身的同时还要借鉴世界篮球强国的人才培养模式和经验，注重学校篮球基地的建设。我国各级部门要加大对学校篮球运动的投入，努力改善篮球运动训练的场地与环境，制定一些有利于篮球运动发展的政策，加强篮球后备人才的管理。另外，还要加强体育相关院校与普通学校之间的交流与合作，走出一条适合我国篮球后备人才培养的学院化发展道路。

三、青少年多级竞赛机制的建立

青少年篮球运动员的培养对于我国篮球运动的可持续发展至关重要，这是我国男子职业篮球人才培养的重点，要引起各部门的高度重视。为促进青少年篮球后备人才的培养，必须建立一个合理、完善的竞赛机制，有效提升运动员的训练水平和运动能力。为促进我国青少年篮球后备人才的发展，中国篮协组织并举办了一系列篮球赛事，参加这些赛事的队伍大都是我国各省市的青年队和俱乐部青年队，这在一定程度上促进了各运动队及运动员之间的交流，但由于参赛群体相对单一，竞技水平的提高会受到一定的限制[①]。由我国教育部主导的初、高中篮球联赛虽然拥有广泛的参赛群体，但受资金、场地等各方面因素的制约，学生运动员参赛的机会并不多，能够进入职业篮球人才选拔范畴的学生运动员就更少了，这非常不利于我国竞技篮球运动的长远发展。因此，为进一步推动我国篮球运动的健康快速发展，教育系统与体育系统应加强彼此间的配合，选择一批专业的教练员对青少年篮球后备人才进行有针对性的指导，在固定的时间里对优秀的学生运动员进行培训和指导，然后为他们提供参加各种篮球比赛的机会，锻炼他们的比赛能力。这样才能培养出更多的高水平的职业篮球运动员。此外，还可以建立以青少年为参赛主体的业余篮球联赛，进行商业化的运作，充分利用社会力量吸引企业赞助，让更多非专业的篮球运动员参与篮球赛事，进一步扩大篮球运动选材范围，从而选拔出一大批具有发展潜力的篮球后备人才。

① 穆海鹏. 我国男子职业篮球人才培养的发展前景分析[D]. 成都：成都体育学院，2019.

第二章
篮球后备人才的基础理论与知识体系

篮球后备人才的培养工作涉及诸多基础理论学科与知识体系，对这些学科的理论基础进行分析有助于提高篮球后备人才培养工作的效率和人才的质量。本章就与篮球后备人才培养工作紧密相关的学科理论基础、篮球运动基础理论体系及篮球运动安全知识这三方面内容进行探究。

第一节　篮球运动相关学科理论基础

一、篮球运动的生理学基础

（一）篮球运动的新陈代谢基础

1. 糖代谢

糖在人体中的功能非常强大，它是人体主要的供能物质。人体中的糖主要是从植物或动物类食物中获得的。当糖进入人体后，会在消化酶的帮助下转换为葡萄糖分子，继而被机体吸收。如果摄取的是果糖，则需要一些更加复杂的转换过程才能被人体吸收。

葡萄糖是合成糖原这种大分子糖的必要要素。糖原分为肌糖原和肝糖原两种，从其名称可知这两种糖的存储位置不同。这里有一点需要强调，那就是人体的肝脏也能合成葡萄糖或糖原，这个过程被称为糖的异生作用。

众所周知，人体的各种活动都需要能量的供应，这些能量基本来自体内糖的分解代谢。人体中糖的分解代谢包括有氧氧化、糖酵解等形式，不同分解代谢的触发时机不同，供能特点不同。

篮球运动是一项对运动者体能消耗较大的运动，因此需要运动者的身体提供大量能量。运动过程中，人体肌肉中的三磷酸腺苷（ATP）、磷酸肌酸（CP）被消耗，此时肌糖原开始无氧分解过程并开始调动体内供能。这一过程中肌细胞内的钙含量也开始增加，同时上升的还有生长激素、甲状腺激素、雄激素、儿茶酚胺等，以上种种改变使肌细胞产生了一些适应性变化，进而增大磷酸果糖激酶、磷酸化酶等的活性。这也是运动训练中超代偿理论的基础。

一般来说，人体内糖的分解与合成基本处于平衡状态，如人体在运动当中消耗了大量的糖，但通过运动后的能量补充及机体的合成还是可以补足这些被消耗的糖的。如果人体内存储有足够的糖，并且有足够的氧摄入，则通过糖的有氧代谢方式就可以供给机体在运动中所需的能量，这就是糖的有氧代谢。

2. 蛋白质代谢

蛋白质是构成人体的基本营养素，之所以这么说，主要是因为构成人体的基本单位——细胞——中的主要成分就是蛋白质。人体中的蛋白质也会在消耗与补充的动态过程中保持平衡。了解人体中蛋白质的代谢状况，可通过测定摄入的氮含量和排出的氮含量的方式进行。一般来说，人体的生理活动状况决定蛋白质的代谢状况。“氮总平衡”的状态多出现于成年人中，此时人体内的蛋白质的分解与合成基本持平。儿童和青少年则不同，因为他们正处于身体生长的快速期，这使他们体内的蛋白质合成量大于分解量，体内的氮就会呈现出一种正平衡的状态。此外，患有某种消耗性疾病的人体内的蛋白质合成量小于分解量，他们体内的氮就会呈现出一种负平衡的状态。

运动对人体蛋白质的代谢会产生诸多积极影响。一方面，运动可以促进蛋白质的合成；另一方面，运动可以促进骨骼肌蛋白质的合成，这可以让肌肉的质量更高。

3. 脂代谢

脂肪是人体的能量来源之一，可通过有氧代谢为运动中的机体提供能量。人体内的脂肪主要来自摄入体内的动物脂肪和植物油。脂肪有疏水性的特点，这使它要想在人体的水环境中分解就需要酶的参与，或是借助从外界摄入的各种乳化剂才行。与糖相比，脂肪的吸收与转化稍显复杂。

人体对脂肪的吸收有两种方式，一种是通过小肠上皮细胞直接吞饮脂肪微粒；另一种方式是脂肪微粒的各种成分进入小肠上皮细胞接受再度分解后，重新合成脂肪，形成乳糜微粒，该微粒和大分子脂肪酸会一并被转移进淋巴管，而甘油和小分子脂肪酸则会溶于水后被吸收。如此来看，淋巴和血液是脂肪吸收的两种途径，而淋巴吸收是最为主要的途径。脂肪被吸收之后多数会被存储于皮下、大网膜或肌肉细胞中，少量脂肪还会以合成磷脂、合成糖脂和合成脂蛋白的形式被存储在体内。

脂肪的分解代谢过程最终会产生能量供人体活动所需。但脂肪供能不是运动后第一时间开始的，调动脂肪供能并没有那么容易。人体进行长时间、中低强度等的运动时才会调动脂肪进行供能。脂肪供能是通过有氧代谢完成的，在脂肪的分解代谢过程中其首先会被分解为甘油和脂肪酸，继而被分解为二碳单位，最终的分解产物为二氧化碳和水。

4. 其他物质代谢

这里主要对人体中的维生素、水和无机盐的代谢方式进行分析。

（1）维生素代谢。维生素是人体内的一类小分子有机物，它虽然在体内的含量不多，但是是人体生长发育和代谢的维持与运转不能缺少的重要营养元素。维生素在人体中是不能自行合成的，只能通过摄入食物的形式获取。维生素的种类众多，每种维生素对人体都有不同的作用，而人体需要全面的维生素补充才能保持机体的正常运转。维生素的奇特之处在于，不同类型的维生素都拥有各自独特的结构。虽然维生素对人体健康起着重要作用，但人体的细胞结构中不含维生素，而且它也并不参与为人体提供能量的工作。维生素最大的功能就是对体内的能量代谢过程和各种调节过程给予辅助。

此外，维生素在人体中参与辅酶的生成。如果人体缺乏某种维生素，就会导致某种酶的催化能力受到限制，引发体内的代谢失调。不过尽管维生素的作用如此之大，但过多的维生素摄入并不会给身体带来更大的益处，因此在日常生活中，人们只要保持合理的维生素摄入即可。

（2）水代谢。水对于生命的意义是不言而喻的。人体中含量最多的物质就是水，它占人体体重的绝大部分。保持人体内的水平衡显然是维持人体健康和正常活动的关键。人体中的水多来自从外界摄入的水或食物，人体可以产生少量的水，这些水是体内物质代谢过程中产生的附属物质。人体内水的排出有多种方式，主要以尿液的形式排出体外，其他排出方式包括出汗、粪便排泄、呼吸等。运动时人体中的热量会不断聚集，为了维持正常体温，人体就会通过排汗的方式将热量带出体外。

（3）无机盐代谢。无机盐普遍存在于常见食物中，人体主要将其以磷酸盐的形式存储在骨骼中。另外，还有少量的无机盐会以离子的形式存在于体内，如钙、镁等。

无机盐的重要作用在于它能调节体内的渗透压，维持体内的酸碱平衡。在体液中，无机盐会被解离为离子，这些离子有阴阳之分，其在体内的细胞代谢过程中的作用是不可替代的。

（二）篮球运动与供能系统

1. *磷酸原系统*（ATP–CP）

磷酸原系统是当三磷酸腺苷（ATP）被分解放能后，磷酸肌酸（CP）随即分解并促进三磷酸腺苷再生成的系统。这是一个持续时间非常短暂的过程，不需要氧的参与，也不产生乳酸，因此也被称为“非乳酸能系统”。生理学研究认为，人体全部肌肉中 ATP–CP 系统的供能维持人的运动时间仅仅为 8 秒。因此磷酸原系统供能的特点为：供能快、功率高、总量小、持续时间短。

2. 糖酵解系统

当机体的持续运动时间在 8 秒以上且强度较大时，迅速提供短期能量供给的磷酸原系统就会显得鞭长莫及。此时，能够支持运动所需三磷酸腺苷再合成的能量来源就要依赖于糖酵解系统了。

作为糖酵解系统中的重要原料，肌糖原在分解葡萄糖为乳酸的过程中会生成三磷酸腺苷。如果此过程中有氧的参与，所产生的乳酸中的一部分会在线粒体中被氧化生能，另一部分则会被合成肝糖原。如果没有氧的参与，则这个过程在生成能量的同时还会生成乳酸。乳酸是强酸的一种，这种物质在体内堆积过多会破坏内环境的酸碱平衡稳态，它会直接导致肌肉工作能力的下降，给身体带来疲劳感。如此看来，依靠糖原的无氧酵解这种供能方式只能维持肌肉工作几十秒，但毕竟这一系统在缺氧的时候还能供应能量应对体内急需，所以，这种供能方式还是有很大作用的。

综上来看，这两大供能系统都可以在没有氧的条件下供能，都是人体运动时的无氧代谢供能系统的组成部分，充当着短时间内人体能量供给者的角色。

3. 有氧氧化系统

人在氧供应充足的条件下进行运动时，体内所需的三磷酸腺苷是由糖、脂肪的有氧氧化来提供的。这种供能方式具有量大和持续时间长的特点，这也就使有氧氧化系统成了运动供能的主要方式。

有氧氧化系统的供能特点，决定了它是为人们那种长时间、高耐力的运动提供能量的系统。就人的耐力素质来说，有氧代谢能力和心肺功能是非常重要的，两者之间有着非常紧密的联系。

（三）篮球运动与运动系统

人体的运动系统支持其参与篮球运动，肌肉、骨骼和关节构成人体的运动系统，它们的状态如何在很大程度上可以决定运动者的篮球运动能力。

1. 肌肉

肌肉是人体运动系统中非常重要的一部分。构成肌肉的基础单位是肌纤维，大量肌纤维组成一条条肌束，肌束表面由肌束膜包裹，许多肌束才能构成一块肌肉。肌肉两边附有肌腱。肌腱附着在骨骼上，本身基本没有弹性，但韧性良好。肌肉中含量最多的物质是水，其比例为 75%，其他物质占 25%。肌肉中充斥着非常丰富的毛细血管和神经纤维，其中毛细血管的作用为向肌肉中运输营养物质和带走代谢产物；神经纤维的作用为协调和控制肌肉，在神经系统的支配下，骨骼肌能做出收缩，从而带动骨骼产生动作，或是维持某个静止动作，为肌肉的正确和精准运动提供保障。

人体中的肌肉，数量最多的要数骨骼肌。骨骼肌，顾名思义就是附着在骨骼上的肌肉。骨骼肌在人体中不仅数量最多，且分布也是最广的。这类肌肉是运动系统的主体之一。正常情况下，人体中有 400 多块骨骼肌，不同性别、年龄的人体内肌肉的占比会有一些差异。一般成年男性的肌肉占比约为 40%，成年女性的肌肉占比约为 35%。

肌肉的收缩和放松会带动骨骼产生动作，满足人体在运动中的活动需要。肌肉的收缩形式主要有三种，分别为向心收缩、等长收缩和超等长收缩。

2. 骨骼

人体中的骨骼有多种功能，主要功能为支撑人体及支持人体的运动行为。下面列举了一些骨骼的功能。

（1）支撑功能。人体中有 206 块骨，它们大小不一、形态各异。骨之间的连接最终构成了一个完整的、坚实的人体框架，使人在外在形态上呈现出一个稳定的轮廓，并且支撑体内脏器的重量和固定它们的位置，促使血管和神经能有规律地定向执行循环和传导功能。

（2）运动功能。骨骼是人体运动系统中的重要组成部分。在神经系统的调节和肌肉的带动下，它能够通过对骨绕关节的运动轴进行牵引而产生各种运动。

（3）保护功能。骨之间的相互连接会构成容纳体腔的壁，为许多脏器提供保护，如胸骨对胸腔内心脏、肺脏等器官的保护；骨盆对膀胱和众多生殖系统器官的保护；等等。

（4）造血功能。骨骼中的红骨髓是人体重要的造血组织。

（5）储备钙和磷的功能。骨盐中含有大量的钙和磷等微量元素，这些元素是体内无机盐代谢的参与者和调节者。

3. 关节

关节几乎要参与到人体所有的运动行为之中，可以说，如果没有关节，人体的多数动作都是难以实现的。关节的活动是由骨骼肌的带动牵引完成的，通过骨骼肌的带动，运动环节会绕关节的某一轴运动，如此形成各种人体想要做出的动作。

关节的基本运动形式有四种：在矢状面内绕冠状轴的屈和伸运动、在冠状面内绕矢状轴的外展和内收运动、在水平面内绕垂直轴的旋转运动及绕环运动。此外，滑动、水平屈和水平伸也是关节的运动形式。

篮球运动是一项对人体关节活动能力有着较高要求的运动。经常参加篮球运动能帮助我们提升关节部位的活动能力。此外，它还能提高关节囊和韧带的伸展性，这对增加关节的运动幅度和灵活性有很大的帮助。

二、篮球运动的心理学基础

（一）篮球运动与情绪、情感

凡是参加篮球运动的人，不论是长期参加运动的篮球爱好者，还是偶尔参加的体验者，都可以从这项运动中获得良好的情绪和情感体验，而这种良好的体验是可以“传染”的，能让更多的人感受到，能让人们的不良情绪得到转移。在这种情感体验下，个人情感的调节能力也会有所提升，这会让自己与他人之间的关系更加协调。

参加篮球运动带给人的情绪效应以时间延续程度为依据，可分为短期效应和长期效应。所以，这也证实了不论参与篮球运动的时间长短，人们都能从中获得情绪、情感上的良好效益。例如，偶尔参与篮球运动的人的紧张、抑郁、焦虑的情绪会得到暂时遏制，这使得他们至少在参与篮球运动期间有好的情感体验；而那些长期坚持参加有一定强度的篮球运动的人，更是可以有效改善情绪，提升他们对自身情感的自控力。另外，篮球运动作为一项团队运动，运动者在运动过程中需要和队友频繁沟通，一次次良好的沟通，一次次默契的配合，能促进运动者与他人的沟通，经常参与则可以减轻人际交往障碍，也更容易对他人产生信任之感，还会催生出个体心理上的归属感和安全感。

（二）篮球运动与意志品质

只有当人拥有顽强的意志品质后，才能在生活或运动中克服各种困难，奋勇向前。篮球就是一项可以培养人的意志品质的运动。如何培养人的意志品质？无非需要“明确目的”和“克服困难”这两个必要条件。当人们参与到篮球运动中后，无疑就拥有了一个非常明确的目标，那就是取得比赛的胜利，抑或是从运动中获得快乐。为了实现这个目标，个体就要不断克服各种主客观的困难因素，这就需要足够的意志力作为支撑，只有克服这些挡在前面的困难，才能不断向目标靠近。事实证明，参加篮球运动是非常理想的培养人的意志品质的方式，也正因如此，篮球运动被众多学校纳入体育教学的内容。

（三）篮球运动与认知能力

人的认知能力会受到遗传因素的影响，此外，决定人的认知能力的因素还有年龄、阅历、心理和外界环境等。可以证实的是，参加篮球运动对人的认知能力提升有一定的促进作用。因为人们在参与篮球运动时必须不断地对周边事物做出快速反应，支持这种快速反应的就是人的认知能力。例如，在进行防守时，面对要防守的人，个体必须准确判断对方与自己的距离、对方的特长技术、自己的优势与不足、对方下一步的战术意图等，然后据此调整自身的站位及下一步行动，这些全都依赖个体的认知能力。那些长期参加篮球运动的人，通常更能表现出出色的灵活度、敏锐度，以及良好的思维能力、预判能力、记忆能力等。实际上，参加篮球运动不仅能使人的认知能力有所提升，而且能提升人的智力水平和多种感知能力。

三、篮球运动的营养学基础

（一）篮球运动中营养素的消耗

1. 糖的消耗

众所周知，糖是人体中重要的能量物质。当人处在运动中时，供能系统对糖的消耗也会增加，运动者只有保证体内有足够的糖，且身体对糖的利用率较高，才能在运动中顺利展现技能和出色的耐力水平。

糖在机体内容易被吸收和消化，并且这一过程对氧的需求量很少，代谢产物是水和二氧化碳，这两项代谢产物非常容易被转运和排出体外。如果运动前没有补充足够的糖，或是运动中消耗糖的量较大，就会导致身体缺乏能量，此时就不得不调动体内的储备糖原来支撑运动需求。如果在体内糖缺乏的状况下依旧持续运动，最严重的情况就是糖原耗竭，如此则会对运动员的身体健康带来不良后果。

2. 蛋白质的消耗

当人在参加篮球运动时，体内的酶活性会逐渐提高，激素的调节活动也会变得更加活跃。此时，体内的蛋白质会加速合成与分解，这会导致体内蛋白质的快速消耗。但是，运动前不要摄入过多蛋白质，因为过多的蛋白质摄入会促进机体提升代谢率，而这一过程需要大量的水的参与，对于本就对体内水分有着很大消耗的篮球运动来说，这会加速体内水分的消耗，从而难以确保运动状态，疲劳也会来得更快。

3. 脂肪的消耗

脂肪作为体内重要的能量来源之一，当运动者参与了较长时间的篮球运动后便会作为主要的供能物质被逐渐消耗。在寒冷的冬季进行篮球运动，会消耗更多的脂肪以满足运动和抵御寒冷的需求。

4. 维生素的消耗

人体的物质代谢过程会随着运动而加快，这一过程需要多种维生素的参与，而代谢过程加快会加剧体内维生素的消耗。不同运动者体内的维生素调动能力不同，他们在运动时体内维生素的消耗量也会不同。维生素因大量消耗而出现匮乏的时候，人体会有一些表现，最主要的就是耐受力降低。因此，对于那些经常参加包括篮球运动在内的体育运动的爱好者来说，日常应该注重对多种维生素的补充。

5. 矿物质的消耗

运动会加速人体内矿物质的消耗，例如，运动时间越长，强度越大，人的排汗就越多，而随汗液流失的钙也会更多。如果运动者适应了这种运动强度和运动时间，这些矿物质的消耗则不会特别明显，即使由于消耗会有一些变化，这些变化也不会很大。

6. 水的消耗

运动会导致体内的热量急剧增加，过多的热量会使体温升高，破坏体内的平衡。为了维持正常的体温，身体便会以汗液的形式裹挟部分热量排出体外，但这会造成体内水分的大量流失。身体内水的消耗和运动的强度成正比，即运动强度越大、运动时间越长，排汗量就越大。此外，还有其他一些对水的消耗构成影响的因素，包括气温、气压、饮食等。

（二）篮球运动与营养素的补充

1. 糖的补充

在日常生活中，由于不同的人每天对能量的消耗不同，因此对糖的补充就要做到因人而异。营养学界的专家普遍认为，每人每天应补充约0.5 克/千克体重的糖。由于需求量和代谢率的不同，婴幼儿和老年人应适当减少糖的摄入。

对于经常参加篮球运动的人来说，他们的补糖应按照以下三种方法进行，这样可以获得最佳的补糖效果。

（1）运动前补糖。为了获得足以支持运动全过程的能量，运动者应在运动前补糖，方法为食用含糖量较高的食物。具体来说，运动前 1～4 小时是最为理想的补糖时机，补糖量应在 1～5 克。一般来说，运动前 30～90 分钟不宜再补糖，此时补糖对接下来的运动没有太多的帮助，并且还有可能造成胰岛素升高，得不偿失。

（2）运动中补糖。篮球比赛中设有多次暂停，并且还有无限换人的规则，这些都为运动者在运动中的补糖提供了可能。在条件合适的情况下，运动中的补糖应为每 20 分钟一次，方法为食用含糖量较高且易消化的食物及饮用含糖的饮料。补糖的量应控制在每小时 20～60 克，如果是通过摄入饮料补充的话，应秉承少量多次的原则。

（3）运动后补糖。在运动结束后个体也不能忽视对糖的补充。运动后 6 小时内，肌肉中糖原合成酶的活性高，这对糖原的合成具有良好的促进作用，因此，为了巩固运动成果，快速缓解疲劳，运动后的补糖要尽早进行。在有条件的情况下，应在运动后立刻或 2 小时内补糖，此后每隔 1 小时补糖一次，每次补糖量应在 0.75～1.0 克。

2. 蛋白质的补充

蛋白质在人体中有着非常重要的作用，人体缺乏蛋白质会给健康带来危害，因此，补充足够的蛋白质就显得很有必要。一般来说，成年人每天应补充的蛋白质为 1.2 克/千克体重。但婴幼儿、孕妇、青少年、运动员等群体，每日应补充的蛋白质要更多一些。最佳的蛋白质补充方式为食用一些优质蛋白质含量较高的食物。

经常参加篮球运动的人每天可补充的蛋白质的最大量为 1.8 克/千克体重。机体对蛋白质的需求量会随训练强度的提升而增加。如果运动者参与的篮球运动强度较大且这一强度要持续许多天甚至更久，则他们每天至少要补充 1.0 克/千克体重的蛋白质，但即便如此，也还是可能会出现由于补充的蛋白质不足以弥补运动分解蛋白质导致的负氮平衡问题。为了避免这种现象，运动者可适当增加每日补充的蛋白质的量，达到 1.5 克/千克体重，这样更容易将身体调整到正氮平衡的状态之中。

3. 脂肪的补充

在人体每天所需的总热量中，有 25%左右是由脂肪提供的。在人们的日常饮食中就有许多富含不饱和脂肪酸的食物，如花生、大豆、玉米、芝麻等。经常吃这类食物能为身体补充足够的脂肪。需要注意的是，现在许多人都热衷于减肥瘦身，他们“谈脂色变”。实际上，脂肪是人体中绝对不可或缺的营养物质，其功能众多，一旦体内脂肪含量低于标准，个体不仅在外在形态上毫无美感，而且健康也会受到威胁。所以，补充适量的脂肪是非常必要的。

4. 维生素的补充

维生素家族中有不少是可溶于水的，因此身体中的某些维生素会由于参加篮球运动导致的排汗而丢失，其中人们最为熟悉的维生素 C 就属于这类水溶性维生素。

（1）维生素 A 的补充。维生素 A 是合成视网膜中视紫质的重要物质之一，同时它还是保护角膜上皮和防止角质化的重要物质。对于参加篮球运动的人来说，视觉是其判断场上各种复杂情况的重要感官，补充足够的维生素 A 可以在一定程度上提高运动者的视觉水平。

（2）维生素 B_1 的补充。维生素 B_1 之于参与篮球运动者的意义在于它能在一定程度上防止运动者在运动结束后出现丙酮酸与乳酸堆积的现象，这些肌肉代谢产物的堆积是降低肌肉能力、增加身体疲劳感的“罪魁祸首”。不仅如此，它还能使乳酸脱氢酶的活力降低，因此，补充足够的维生素 B_1 对运动者来说非常重要。

（3）维生素 B_2 的补充。维生素 B_2 是细胞呼吸、机体氧化还原反应等生理过程的重要参与者。对于经常参加篮球运动的人来说，缺乏维生素 B_2 的直接影响就是会感到肌肉乏力、肌肉耐力降低，在运动中会出现疲劳过早发生、疲劳积累较快的情况。因此，运动者在平时和运动前都要注意补充维生素 B_2。

（4）维生素 B_6 的补充。维生素 B_6 是机体中蛋白质的合成与分解过程的参与者，这决定了它能直接决定运动者的综合运动能力的展现，尤其是力量素质的展现。

（5）维生素 B_{12} 的补充。维生素 B_{12} 是细胞核酸代谢过程和机体造血活动的重要参与者。机体如果缺乏维生素 B_{12}，就会造成血红蛋白浓度下降，细胞的平均容量也会有所增加，从而增加巨幼红细胞贫血的发生概率。此外，维生素 B_{12} 的缺乏还会损害机体的神经系统，降低身体的氧运输能力，这会对人体的最大有氧能力和亚极量运动能力带来限制。由此可见，经常参加运动的人补充足够的维生素 B_{12} 是非常必要的。

（6）维生素 C 的补充。维生素 C 可谓是人们最为熟悉的一种维生素。由于维生素 C 属于水溶性维生素，运动中人体内的维生素 C 会出现代谢的情况。也就是说，只要人们进行运动，特别是强度较大或时间较长的运动，体内的维生素 C 含量就会减少。要想使自身的耐力水平得到充分发挥，并且从疲劳中尽快恢复过来，运动者就要注重对维生素 C 的补充。

（7）维生素 E 的补充。维生素 E 具有抗氧化和促进蛋白质合成的作用，它的功能更体现在可以防止肌肉萎缩，促进肌肉力量增加等方面。因此，对于参与对运动者的身体力量有着较高要求的篮球运动的人来说，补充足够的维生素 E 是非常必要的。

5. 矿物质的补充

（1）铁的补充。对于一个普通的成年人来说，体内应有 3.5～4.0 克的铁才能维持身体某些功能的正常运转。对于那些经常参加体育运动的人来说，他们需要适量补充更多的铁来弥补运动带来的消耗。人体一旦缺铁会出现诸多症状，如易疲劳、抵抗力降低、腰酸背痛、精神涣散和头晕耳鸣等。因此，运动者补充足够的铁是非常必要的，方式主要为食用含铁较多的食物。

（2）锌的补充。锌在体内是一种非常重要的激活剂，它对运动者的运动能力有着较大影响。具体来说，锌作为多种酶的组合成分，起着调节体内代谢的作用。另外，锌对睾酮的产生和运输也有影响。在机体中，锌的存在形式为碳酸酐酶和含锌金属酶类。适量补锌对运动者维持良好的运动状态意义很大。

（3）硒的补充。硒在人体内的作用主要为清除过氧化物，同时它对维生素 E 的抗氧化能力的提升能起到一定的促进作用。一般情况下人们每天摄入的硒约为 6 微克，如果要参加强度较大的运动的话，则需要摄入 3 倍于平时的量才能满足机体的运动需求。

6. 水的补充

水对人体各系统功能的正常运转的意义不必多说，运动需要补水也是众所周知的事情。补水要遵循预防在先、少量多次和补大于失的原则。所谓预防在先，就是指补水不能等到运动者感到口渴后再进行，因为这时身体已经非常缺水了。少量多次是指每次补水的量要少，但可通过多次补水来达到总量的满足。补大于失是指补水的量要多于身体失水的量，这样才能使运动者对水的需求得到满足，且更利于运动后的体能恢复。

运动后补水是为了尽快平衡体内水的稳态，但通常来说运动后所补的水难以在短时间内完全补充机体流失的水，且大量补充水也是不可取的。合理的运动后补水的方法为运动后立即补水，此后每小时补水 1 次，每次约 200 毫升。还有一点需要说明的是，所摄入的水或饮料以常温为宜，过凉的水和饮料可能会刺激胃部，从而带来不适感。

第二节　篮球运动基础理论体系

一、篮球运动的特点

（一）篮球运动的集体性

篮球运动是由两支球队共同参与的彼此间充满全面对抗的球类运动。只有个人能力强大和团队意识出色的球队才能赢得比赛的胜利。不能否认的是，篮球运动中的技战术是基于球员的个人能力的，由具有出色的个人能力的运动员凝聚成的团队才更有战斗力，才能更好地突出其整体特点，过分依赖某个人的能力是很难在实力相当的比赛中占据主动权的。因此，篮球运动的集体性就要求球队中的每名球员都要在集体的需要下完成所有的技术动作。

（二）篮球运动的对抗性

篮球运动中充斥着大量的各层面的对抗内容，这使对抗性成为篮球运动的显著特点。在篮球运动中，进攻与防守是贯彻始终的一对矛盾，攻与守之间本就是矛盾对抗的，这为篮球运动对抗性特点的确立奠定了基调。在篮球比赛当中，对抗性不仅体现在运动员的身体和技战术上，而且体现在双方的心理层面和智力层面，甚至场下的教练员之间也在进行着谋略上的对抗。由于篮球运动中存在高强度的对抗，所以这项运动不论是对运动员还是对教练员的思想作风、技战术水平、身心素质等都有着较高要求。只有综合对抗能力较强且没有明显对抗短板的一方才能获得比赛的优势。

（三）篮球运动的健身性

篮球运动中包含着大量或基础或复杂的身体动作，再加上诸多多变的战术要求，使得运动者的运动强度始终保持在较高水平上。从运动生理学的角度来看，人体在篮球运动中要经历较大的运动负荷，这有助于身体运动系统、神经系统、循环系统等功能的提升，这体现出了篮球运动显著的健身性特点。

（四）篮球运动的益智性

对于篮球运动参与者来说，要想在比赛中发挥出水平，仅有良好的身体素质和技战术水平是不够的。在双方实力差距不大的同等水平的较量中，能体现出差别的在于运动员的智力水平，因此篮球运动越发体现出技术与智慧结合的趋势。当今优秀的篮球运动员无不是智商高超的人，他们在比赛中对局势的判断总是非常准确和迅速，这使他们的技战术行动总是快人一步，能更多获得比赛的主动权。对于篮球运动爱好者来说，经常参加运动能提升自身的思维水平，这不论是在篮球运动中还是在日常生活中都能给其带来非常积极的影响。这恰恰是篮球运动益智性特点所赋予的。

（五）篮球运动的综合性

篮球运动具有综合性的特点，这种综合性主要体现在参与篮球运动的人需要掌握运动中最基本的跑、跳、投等动作和多种技战术，并且能在变化莫测的比赛中适时应用，从而在比赛中的时空争夺中占据优势。因此，篮球运动对参与者提出的就是体能、技能、心智等综合性要求。

（六）篮球运动的商业性

现代篮球运动正朝着愈发商业化的方向发展，这是一项体育运动发展到一定水平后的必然现象。更加商业化的篮球运动有利于其自身的传播与推广，同时也能将更多的商业价值添加到运动之上，两者彼此促进。商业化的篮球运动使得与篮球有关的一切事物都可以被当作“商品”进行一系列商业操作，操作方可以从中谋取利润。在这一背景下，球队、球员、教练员、球队吉祥物、门票、转播权、冠名权等都是可以被买卖的商品。这种浓重的商业化发展方式可谓是现代篮球运动的重要特点之一。

二、篮球运动的价值

（一）培养团队精神

篮球运动作为一项团队运动，对运动者团队意识的培养有着非常重要的作用。事实也证明经常参加篮球运动的人往往更善于团队协作，更注重团队荣誉感，更懂得如何发挥自身能力来帮助团队达到整体目标。这与现代社会对人才的要求非常契合。

（二）增强国民体质

篮球运动虽然是一项竞技体育运动，但其本身的游戏属性也使其成为重要的大众休闲健身项目。篮球运动充满了娱乐性与趣味性，参与其中的人能够感受到快乐和放松，在此过程中人们的身体素质也能得到锻炼，篮球运动的健身价值也因此得到了彰显。正因如此，篮球运动在我国逐渐成了拥有深厚群众基础的健身项目，特别是受到了广大青少年的青睐，而这也为我国国民体质的提高起到了实实在在的促进作用。

（三）推动社会发展

现如今，篮球运动的发展已经显现出了明显的商业化趋势，形成了围绕篮球运动而生的产业，这为社会经济的发展、体育市场的繁荣都能带来积极影响。

如今，我国在大力推行全民健身运动，篮球运动作为其中的重要项目，对民众参与体育健身活动有着很大的吸引力和影响力。当作为大众健身项目时，篮球运动对参与者来说几乎没有门槛，任何有意愿参加的人都可以加入，它大大丰富了人民群众的业余生活、增强了国民的体质、振奋了民族精神，能为社会主义精神文明建设添砖加瓦。

（四）促进国际交流

篮球运动作为一项国际化程度较高的运动，其国际交流频率越来越高，交流深度也越来越大，再加上篮球运动职业化和商业化的发展趋势，通过国际转会而来的外籍球员增多，这在无形之中增加了不同国家球员的文化交流和运动交流。这样，球员之间不仅切磋了球技，而且增加了对其他国家文化和风俗的了解，增进了各国人民的友谊，甚至是国家之间的友谊。

第三节　篮球运动安全知识

一、篮球运动的准备活动与放松整理活动

（一）准备活动

准备活动在包括篮球运动在内的几乎所有体育运动中都是一种非常必要的且有十足针对性的身体练习方式。准备活动的重要作用在于将运动者的身体状态从相对安静调动到适合运动的兴奋状态。准备活动是以身体运动的方式进行的，这会使运动者做出的各种动作更加准确、协调和灵活。

1. *准备活动的内容*

每项体育运动的准备活动既有共同的内容，又有针对项目自身的准备内容。对于篮球运动来说，准备活动内容的确定应以运动员的年龄、性别、活动内容等因素作为依据。可以作为篮球运动的准备活动的内容和形式是非常多的，不同准备活动内容中的动作、路线、形式等都有着可变性，在组织上也显得非常灵活，这样就使其对场地和器材的需求也有所不同。例如，如果以常见的走、跑、跳作为准备活动

的内容的话，组织者还可以对其进行一些调整，如改为快速走、变向跑和跨步跳等，而对这些准备活动的要求既可以是相对宽松的，也可以是严格的。

在篮球后备人才培养相关教学训练课程中安排的准备活动主要有以下几种。

（1）常规性准备活动。常规性准备活动注重的是对运动员全面身体状态的激发。这种准备活动的内容包含提高人体基础运动能力的走、跑等练习，这类练习中对走或跑的时间、强度等的规定要根据训练性质、运动员特点、季节等因素进行调整，如冬季训练时准备活动的时间就要适当增加，而夏季可适当减少准备活动的时间。除基础运动练习外，准备活动还包括使运动员保持正确体姿、促进运动员生长发育的体操等内容。

从功能性上来讲，常规性准备活动的作用主要是将运动员的注意力快速集中到运动中来，营造一个良好的运动氛围，调动运动员的运动情绪和激情，使其从总体上做好对运动的准备工作，以最佳的状态迎接正式的教学训练内容。

（2）一般性准备活动。一般性准备活动的目的是将运动员的身体各部位尽可能地活动开，是一种较为全面的准备活动形式，能为运动员进入篮球运动训练的基本部分做好生理上的准备。一般性准备活动包含部位活动操、体育游戏等。就部位活动操来说，它要求运动员在练习时要精准到位，确保将身体部位活动开。

（3）专门性准备活动。专门性准备活动是一种对篮球运动更有针对性的准备活动。在这类准备活动中，有些内容直接与篮球运动的技战术和实际应用有着紧密联系，有些内容甚至直接就是某种篮球运动技术或战术的“变种”。专门性准备活动多是完整技术动作的练习、辅助练习、诱导练习，或是做了特殊规定的比赛等。这类准备活动本身对运动员的运动技能增长就有着不小帮助。

在对专门性准备活动的组织上，应合理安排活动时间，活动时间不宜太长，但对活动的质量要始终严格。此后活动负荷的加大要本着循序渐进的原则进行。

2. 准备活动的注意事项

（1）加强思想教育，严格要求。统计数据显示，有过半运动损伤直接或间接地与准备活动没有做充分、身体状态没有得到良好调动有关。现实中也不难看到一些运动员对准备活动不重视、不在意的表现。因此，对运动员进行准备活动目的性、重要性的教育就显得格外重要，教练员在指导运动员做准备活动时也要从行为和言语上表现出对准备活动的重视，以此来影响运动员的态度和行为。只有这样，才能切实实现准备活动的目标，尽可能地避免给运动员身体带来不便的运动损伤。

（2）选好示范位置，动作正确。准备活动中的动作起初也是需要教练员做示范的，这可以为运动员直观、正确地展示规范动作，能更容易在运动员的脑中形成正确的动作构型。

教练员在做示范动作时，为了能让所有运动员看清楚，应选择一个正确的示范位置。只有在示范动作正确且能让每名运动员都清晰看到的基础上，才能进一步激发他们活动的兴趣。

（3）活动层次清楚，重点突出。一个设计良好的准备活动应是三种准备活动相结合且具备一定层次的，这样的设计能让运动员的身体更加自然地从相对平静的状态过渡到适合运动的状态，从而为增加正式教学训练部分的效果打下良好的基础。就准备活动的重点来说，针对篮球运球，应更多安排一些脚步动作、上肢动作、变向移动等练习。

（二）放松整理活动

放松整理活动是教学训练活动中的重要组成部分，通常被安排在结束部分。放松整理活动的目的在于将运动员的身心从适应运动的状态过渡到相对安静的状态。此外，它还是提高运动员运动水平和运动效率，增进其身心健康的重要方式。篮球运动教学与训练的过程对运动员的体能消耗很大，因此，教练员在课程结束部分要根据当次课程的具体内容和强度适当安排放松整理活动的内容和方式。

1. 放松整理活动的方法

篮球运动的放松整理活动包括肌肉和心理两方面的放松。

（1）肌肉放松整理方法。第一，缓慢牵拉。缓慢牵拉时涉及多个进行篮球运动时常用的身体部位，如肩关节内收牵拉、肩关节上举牵拉、肘关节牵拉、前臂肌屈伸牵拉、腰背肌腹肌牵拉、大腿屈伸肌牵拉等。通常情况下这几个部位的牵拉都要进行，运动员可视各部位的疲劳情况有针对性地多做一些牵拉。第二，积极性休息。在放松整理活动中进行积极性休息也是非常理想的放松手段，这可以有效降低呼吸节律，平复心情。常用的积极性休息多为负荷较小的运动形式，如慢跑、步行等。第三，体育游戏。体育游戏在放松整理活动中也是对运动员的身体恢复常态有着良好效果的方式。不过，在放松整理活动中，体育游戏的安排要根据运动员的实际状况进行，这样才能使体育游戏对运动员的身心放松更有针对性。

（2）心理放松整理方法。经常参加篮球运动的人除了会出现较为常见的生理层面的疲劳外，还会逐渐在心理层面产生疲劳的感觉。因此，在放松整理活动中也应安排一些针对运动员心理疲劳的内容。如果放任运动员的心理疲劳不管，当这种疲劳积累到一定程度就会给运动员的心理健康带来不良后果，进而影响他们训练的效果。

常用的心理放松整理方法为语言引导，实践中要依据训练内容和运动员的状态综合运用。例如，当训练课包含了大量高强度对抗的内容时，放松整理活动就可以更多地使用语言引导的方式。这里的语言引导是由教练员发出的诱导性语言，让学生随着提示逐渐地放松身体各部位，以此使其从潜意识层面放松心理。

在篮球运动的放松整理活动中，肌肉和心理两方面的放松方式要结合使用，这样才能实现最佳的放松恢复效果。

2. 放松整理活动的注意事项

（1）放松整理活动的内容和安排要坚持多样性和灵活性的原则。如果放松活动的形式太过单一，运动员就会感到无趣和厌烦，活动的质量就不会很高。因此，教练员要了解各种放松方式的特点和优势，最终要能在任何需要的时候选配恰当的内容与形式，力争使放松活动更有针对性、更能灵活组织、更能解决问题。

（2）不要忽视放松整理活动中的双向互动。这要求教练员要成为放松整理活动中的一分子，而非只是充当发号施令的角色。教练员参与到放松整理活动之中，既能更容易地调动运动员的活动积极性，又能增进与运动员的感情，这对增加放松整理活动的效果大有帮助。

（3）确保放松整理活动的时间充足。放松整理活动只有进行一定的时间才能获得预期的效果。但在实际当中，有时训练课的主体部分过多，经常会占用结束部分的时间，再加上一些教练员主观上对放松整理活动的忽视，使得这部分活动的时间总是难以得到保障。此外，有些放松整理活动甚至会延续到训练课之后，这包括运动员良好的生活习惯、平衡的膳食及适度的理疗等。

（4）注意全身性的放松整理。放松整理活动的内容一方面要根据当次训练课的内容有所侧重；另一方面也应注意机体全方位的放松。

总体来看，放松整理活动作为教学训练课结束部分中的重要组成内容，关乎运动员教学训练成果的巩固与提高，更关乎运动员的身心健康。所以，给予放松整理活动足够的重视有着非常现实的意义。

二、篮球运动中疲劳的恢复措施

在运动中出现疲劳是非常正常的生理现象，疲劳的出现是体内多种因素综合作用的结果。疲劳一旦出现，就会在不同程度上降低机体的运动效率。每次运动结束后运动员都应采取一些消除疲劳的措施，还要注意方法的科学性，以期实现有效的疲劳恢复。针对篮球教学训练课程的疲劳恢复措施有许多，不同类型的恢复方法有着不同的特点和效果，最为常见的有积极性休息、传统康复治疗、睡眠、物理疗法和心理放松疗法。

（一）积极性休息

所谓的积极性休息并不是真正的静止性的休息，它是一种通过变换活动部位和调整运动强度等方式来消除疲劳的休息方法。有研究显示，相较于安静性休息，积极性休息能使体内多余乳酸的代谢速度提高将近1倍。因此，积极性休息如今也被更多地当作训练之后的主要疲劳恢复措施。

（二）传统康复治疗

传统康复治疗的方式主要为医学疗法，具体有气功、按摩、针灸、拔罐等非药物性的疗法。传统康复治疗的理论主要是调节人体阴阳平衡、脏腑功能，疏通经络、调和气血，调理气机升降等，从而达到消除疲劳、修复损伤、恢复良好身体状态的目的。

下文重点以气功为例，对传统康复治疗的方式进行说明。气功在我国传统养生方法中占有重要地位，它关注的是个体对自我的调节与控制。研究表明，一些气功对缓解身体运动疲劳有显著效果，具体表现在如下几方面：第一，增强机体抵抗力；第二，有助于身体的运动疲劳恢复和紧张情绪的消除；第三，放松肌肉、调节心率；第四，调节血压、加速血液循环；第五，对大脑皮层起保护性抑制作用。

（三）睡眠

睡眠是一种最为简单和最为重要的疲劳恢复方式。当人体处于睡眠状态时，会出现感觉减退、意识消失的现象，此时身体与外界环境的主动联系会降至最低，此时也是身体较难适应外界环境的时候，在这种状态下，肌肉也大多处于放松状态。睡眠是非常重要的精神和疲劳恢复方式，不同年龄段人群的睡眠时间有所不同，过少和过多的睡眠都不利于疲劳的恢复。儿童及青少年每天的理想睡眠时长应在10小时左右；成年人每天的理想睡眠时长为7～9小时。如果是经常参加运动训练的运动员，睡眠时长可适当增加，增加的时长以疲劳能够得到缓解为依据。

（四）物理疗法

物理疗法，是将自然中的或人工创造的声、光、电、磁、冷、热等物理因子应用到人体，引起身体局部或全身产生一系列生理效应，从而达到消除疲劳、放松身心的目的。以不同物理因子作为依据，物理疗法有光疗、电疗、超声波疗、水疗、热疗、磁疗等。

（五）心理放松疗法

心理放松疗法是运用众多心理学理论、原则和技术对康复对象的各种心理、精神、行为障碍及情绪问题等进行矫治，以期实现疲劳恢复目的的治疗方式。心理放松疗法中最常见的是行为疗法和合理情绪疗法。

在运动训练或比赛后，人们更多关注的是身体上的疲劳恢复。但实际上，训练和比赛也会给心理带来极大的疲劳感，如果不能在心理层面上消除疲劳，那么，放松效果也不会理想。心理放松疗法的作用主要为降低神经和精神的紧张程度，缓解不良情绪，帮助神经系统恢复。众多研究表明，心理与生理有着紧密的关系，两者相互促进、相互支持。这表明心理疲劳的恢复能促进身体疲劳的恢复，只有这两类疲劳都获得了缓解，个体才能真正感觉到轻松，才能更好地促进身体其他器官、系统机能的恢复。对身体起作用的心理放松手段很多，其中包括消遣娱乐性活动、音乐疗法、催眠、潜意识放松等。

音乐疗法是较为流行的一种心理放松疗法。从属性上看，音乐实际上是一种物理性的事物，它是一种声音刺激，但这种有节律性和旋律性的声音可通过反射作用使机体迅速产生一系列生理和心理反应。音乐拥有多样化的属性和不同的形式，不同性质的音乐能够带给人不同的感觉。例如，节奏舒缓、旋律突出的钢琴曲能使人们心情愉快；节奏缓慢、单调重复的音乐更容易让人产生松弛感，特别适合用作催眠治疗的背景音乐；节奏快而有力的音乐能增强人的心脏功能、改善血液循环、使人精神振奋等。

三、篮球运动常见损伤的治疗与康复方法

（一）肩部常见损伤

篮球运动中有许多技术动作都要依靠肩部的活动来完成，如投篮、运球、争抢球等，这自然就增加了肩部出现损伤的概率。不仅如此，在身体对抗较为激烈的篮球运动中，球员之间的身体冲撞也是出现肩部损伤的原因。在众多类型的肩部损伤中，肩袖的损伤出现得最为频繁。

损伤原因：肩关节外展、内旋或过伸导致的肱骨大结节超出了正常范围。

损伤症状：患处有痛感，肩部功能部分受限，肱骨大结节处有压痛。

损伤处理：首先暂停运动，特别是要停止肩关节的活动。然后将上臂外展 30 度做固定处理。

康复训练：为了改善患处血液循环和增强肩部外展肌群的力量，可做肩关节的回旋、旋转运动和肩外展 90 度的负重静力练习。康复训练要本着适量适度的原则进行，训练过程不应有疼痛感。对肩部损伤的康复训练来说，最关键的三个环节就是积极治愈微小损伤，强化肩部外展肌群的力量训练，注重力量训练后的放松练习。

（二）肘部常见损伤

1. 肘关节内侧软组织损伤

损伤原因：在篮球运动中双方队员在空中单臂争球，力量较弱一方的肘关节可能会出现被动外翻和过伸导致的损伤，或是因摔倒时前臂做支撑保护动作造成的肘关节外展、外旋致伤。

损伤症状：多出现肘关节内侧韧带撕裂伤，如果是较为严重的肘关节损伤还可能连带其他组织的损伤。患处有明显的肿胀和痛感，关节功能丧失。

损伤预防：平时注重对上肢力量特别是前臂肌肉力量的训练，如使用弹簧拉力器进行练习，或在训练前进行 3～5 分钟的前臂屈肌群静力性牵拉练习等。

损伤处理：使用氯乙烷喷湿患处后加压包扎，前臂旋前、肘屈 90 度，以托板或三角巾固定于胸前。

康复训练：针对肘关节内侧软组织损伤的康复训练应在伤后一周开始，训练的目的在于防止关节粘连和维持前臂肌肉力量。在训练中要格外注意做好保护措施，此外还要尽量避免出现重复受伤机制的动作。

2. 肘关节脱位

损伤原因：球员倒地时前臂做出的保护性支撑动作。其中，后脱位是最为常见的损伤方式。

损伤症状：患处有明显痛感及关节功能障碍，可能出现畸形。

损伤预防：在日常训练中加强对正确倒地动作的练习。身体倒地时的正确保护动作为前臂外展、肘关节微屈稍内旋、后支撑、膝关节微屈。为了缓解身体倒下时手臂的垂直受力，腿部在身体着地之际要向后蹬，这是避免尾椎受伤的关键。

损伤处理：伤后可立即使用氯乙烷做局部麻醉和降温，用绷带包扎，固定时肘部的角度应为受伤后的肢体位。

康复训练：伤后次日即可做一些握拳、转肩的练习，这对于促进前臂的血液循环和消肿来说很有必要。固定取下后可开始做肘关节的伸屈和前臂旋转练习。在做肘伸屈练习时要注意循序渐进地增加动作幅度，直至达到原有角度。训练要有耐心，切忌出现大力扳拉的情况。

（三）足踝部常见损伤

踝关节外侧韧带损伤是踝关节损伤中最为常见的一类。

损伤原因：篮球运动中有大量急停、变向等动作，这对运动员的脚踝有很大的冲击。一般篮球运动中运动员的踝关节韧带损伤多由运动员跳起落地时场地不平、落地不稳或落地时踩在别人脚上造成的踝关节内旋、足屈内翻位受力所致。

损伤症状：损伤后患处外侧有明显肿胀和痛感，有时会有皮下出血的情况，行走困难。施压后痛感更为明显，压痛多在外踝下方、踝尖部或外踝等部位；损伤后在做内翻动作时痛感加剧。

损伤处理：先以冰袋冷敷和抬高患肢作为应急处理方法，如此可有效缓解痛感。24 小时以后依据伤情选择治疗方法，如外敷药物、理疗、针灸、按摩、支持带固定等。

损伤预防：在日常训练中加强踝周和跨踝肌肉、韧带的力量训练。如果是曾经出现过踝关节韧带损伤的运动员，还应加入一些更有针对性的练习，如踝外旋、足外展外翻的抗阻练习等。运动前要做好准备活动，特别是脚步活动。

康复训练：踝关节韧带损伤的康复训练有早期、中期、后期三个阶段。

（1）早期训练阶段。该阶段的训练内容主要为让患处在热水中浸泡或在仰卧抬高患肢的条件下做脚踝伸屈练习，这一练习的目的在于消除皮下淤血和肿胀、防止局部粘连。此外，还可做一些跖肌、腓肠肌等的被动牵拉练习。

（2）中期训练阶段。在该阶段的训练中可以选择动感单车、足滚圆木练习等，这些练习的作用在于锻炼和恢复足踝部肌肉的运动精细调节功能。

（3）后期训练阶段。该阶段的训练内容可以为起踵练习、跖屈抗阻练习等以增强踝周肌肉、韧带力量和足伸屈肌群力量的练习。

需要说明的是，踝部康复训练结束后出现肿胀是正常的，如果出现这种情况可平卧并抬高患肢。

第三章 篮球后备人才选拔的科学理论基础

篮球后备人才的培养，针对的是经过篮球后备人才选拔之后，确定的那部分人才。因此，篮球后备人才选拔是人才培养的基础。要保证篮球后备人才选拔的科学性，一个重要的前提条件就是需要一定的理论基础做基奠。本章主要对篮球后备人才选拔的理论依据、原则与方法、组织与管理几个方面加以分析，厘清篮球后备人才选拔的理论基础，为后面篮球后备人才的培养奠定基础。

第一节 篮球后备人才选拔的理论依据

篮球后备人才选拔，就是用科学的方法和手段，借助一些测量数据或者指标，将适合篮球运动的优秀运动员苗子挑选出来的过程。

篮球后备人才选拔并不是随意而为的，也不是凭空虚构的，而是在一定的理论依据的基础上实现的，具体如下。

一、篮球运动专项特点及优秀运动员的模式特征

运动训练学和篮球运动专项训练的相关研究，已经对篮球运动专项、

项群特点和训练特点等进行了大量的论证，有关学者将那些构成专项优秀运动员竞技能力要素的理想模式建立了起来，这成为篮球后备人才选拔的理想模式和参照依据。

“优秀运动员的模式特征”中的优秀运动员指的是高水平的运动员，具体来说，就是在高水平的运动员竞技状态最好的时候，还从客观上描述其各主要竞技能力因素的状态模型。

通常，运动员竞技能力的高低受到很多因素的影响和制约，从其自身出发，影响因素主要有七个，即身体形态、身体机能、综合素质、专项技术、专项战术、心理素质及智力能力等方面的发展水平，这些方面组合起来，就构成了理想模式的选拔指标。

二、相关学科知识的引进

篮球后备人才的选拔，涉及不同学科的理论知识，这些不同学科的理论知识能为篮球后备人才的选拔提供重要的理论基础和依据。

（一）生物学知识

生物学知识是篮球后备人才选拔首先要参考的，其主要包括以下几个方面的内容。

1. 人类遗传

人类遗传包含的内容是非常丰富的，与篮球后备人才选拔相关的，主要是运动能力遗传、变异规律等，因此，对这些方面进行研究是非常有必要的。

遗传能够赋予人体相应的运动天赋，因此，从选材的角度来说，那些具有良好遗传素质的篮球后备人才是理想选择。通过对遗传规律的研究，我们能够充分了解其重要意义。例如，我们可以依此判断篮球后备人才的先天运动能力，预测篮球后备人才竞技能力的某些组成因素，及早发现影响运动能力的遗传病，避免运动选材的失误，以及对运动员的运动特长进行准确的检测与鉴别。

2. 人体生长发育的程序和规律

随着年龄的不断增长，人体的各个方面在生长发育上也会呈现出一定的规律性和程序性，如形态、机能、素质、心理、智能等。在进行篮球运动后备人才的选拔时，这些内容能够为我们提供必要的依据。

从生物学的角度来说，形态与功能的一致性是一个重要规律，这种一致性，为篮球后备人才的选拔提供了依据。其中，在运动素质的增长方面，处于基础性地位的是形态和机能发育，此外，社会、营养、遗传及训练等因素也会对其产生一定影响，这种一致性可表现在以下两个方面：第一，增长速度的基本趋势是一致的；第二，对于不同年龄阶段的人来说，其运动素质增长与形态和机能发育有着非常密切的关系。

（二）教育学知识

进行运动人才选拔，所体现的是竞技体育界的“英才教育”。正如《孟子》中所言，“得天下英才而教育之”，英才是天赋和后天教育共同影响的结果。具体来说，体育界所谓的“英才教育”，是在特定的社会背景下提出的一种与运动人才选拔相关的制度。受经济因素的影响，我们不可能将所有的人都作为培养对象，这就需要做好人才的选拔工作。通过层层筛选，组织者可以将那些有天赋的人选出来，集中有限的人力、物力、财力，创造优越的环境，对他们进行重点教育和有针对性的培养。

我国当前的竞技体育训练体制，实际上就是教育界的“英才教育”在竞技体育领域的应用与延伸，它们的共同之处都是重点培养、择优训练、促其冒尖、创优夺标。

（三）社会经济学知识

我国现行训练体制的经济理论基础是“计划经济和市场调节共存”。

在计划经济与市场调节共存的社会经济背景下，体育部门同样要以既定的工作目标为依据。首先，将所要实施的运动项目确定下来，加以设置；然后，在物质方面做好保障工作，有计划地筹拨资金、修建场馆；在此基础上，做好运动员编制、挑选运动人才等方面的工作，按计划培养运动人才和参与竞技体育比赛。

人才的选拔是为了更好地育才，而人才流动和相互调节，则有力地完善了人才培养计划，并促进其顺利实施。

（四）社会学理论知识

当前，我国所采用的训练体制，是“一条龙”“金字塔”体制。所谓的“金字塔”体制，就是对人才进行科学选拔，将那些天赋较好的优秀运动员苗子，纳入“一条龙”的体系，然后，在体系内经过不同层次的筛选，将其中更为优秀的运动员苗子选出来，并将他们推荐和输送到更高的训练层次中，进行更为系统、科学的训练。在选拔人才的同时，还要注意将那些不适宜从事竞技运动的青少年淘汰掉，或者根据他们的特长，在遵循“人尽其才”原则的基础上，将他们及时转到其他的运动项目中，使其才能更好地发挥出来。这对资金、时间、人才来说，都是充分利用。

在现有的体育体制下，篮球后备人才通常会因为将更多的时间和精力放在训练和比赛上，而影响文化学习、社会活动、升学就业等。因此，我们更应该搞好篮球后备人才的选拔工作，严格筛选、重点培养、层层衔接，使淘汰率尽可能降低，成才率尽可能提高，尽可能地减少不良的社会影响，产生良好的社会效应。

三、现代科学技术的发展

运动人才选拔的工作，是在科学技术与生物科学发展的基础之上实施的，并且会随着这些先进技术的发展而有所发展。

医学生物学的不断发展，使多种多样的现代化手段不断产生，电子计算机及现代科学仪器监测等的广泛应用，都为体育运动人才选拔提供了科学的依据和手段。篮球后备人才的选拔也是如此，因此，现代科学技术的发展是篮球后备人才选拔的重要科学依据之一。

四、国家的重视和长期的实践经验

推动体育事业的发展不是某一个国家的事情，全世界每一个国家都有这个义务。因此，各个国家的高度重视，是体育事业发展的重要前提之一。体育事业的发展离不开教练员和运动员这两大主体，篮球后备人才的选拔也是如此。

第二节　篮球后备人才选拔的原则与方法

一、篮球后备人才选拔的原则

在开展篮球后备人才选拔工作时，要遵循以下几个原则保证人才选拔的科学性和总体方向的正确性。

（一）公平公开原则

篮球后备人才的选拔本身就是一项需要严肃对待的工作，在篮球后备人才选拔的过程中，一定要做到公平合理，这样才能保证选出来的人才质量，达到择优录用的目的。如果在篮球后备人才选拔过程中不遵循这一原则，存在不公平的现象，那么，所选的人才质量就无法得到保证，庸才与英才混杂，不仅会使那些有天赋的人才被埋没，而且会使人才选拔的意义大大降低。

关于篮球后备人才的选拔，所有与之相关的制度、方法等，都必须在保证公平公开的基础之上，才具有实际意义。另外，该项工作的负责人也必须是公正无私的。

（二）广泛性原则

进行人才选拔时要保证选材的范围是广泛的。篮球后备人才选拔的范围，应该是身体素质良好的青少年。此外，我国地域辽阔，在广阔大地上孕育的人才也是数不胜数的，这为人才的选拔和培养奠定了坚实的基础，篮球后备人才的选拔也能因此而受益。为了避免人才的遗漏，选材者要将各种方法和途径综合加以运用，所选的人才也应该是来自全国各个地区和民族的，要具有全面性，保证广撒网。

在广泛选拔后备人才的基础上，还要进一步进行重点测试，这对于初、中、高级选材都是适用的。人才的选拔工作并不只是科研所的事情，它还是整个体育界的事情。这就要求体育工作者要充分掌握科学选材的相关理论和实践技能，发掘更多的优秀人才。

（三）有利发展原则

有利发展原则是篮球后备人才选拔要遵循的重要基本原则之一，具体来说，就是充分考虑篮球运动的未来发展前景和运动员的实际情况，确定引入什么样的人才才能促进该项目的发展，确定引入人才的数量、比例等。

从篮球运动的整体发展出发，进行篮球后备人才选拔，能够赋予人才选拔更加显著的明确性和目的性，所筛选人才的针对性和质量才能得到保证。

（四）可靠性原则

可靠性原则，就是指在人才选拔过程中，所用到的测试器具、测试方法是统一且规范的，在此基础上，还要保证测试结果的预测和评价是客观的、准确的。

在篮球后备人才选拔过程中贯彻这一原则，需要对下面几方面加以注意。

第一，必须按照明确的规定来确定篮球后备人才选拔用到的测量器具、指标、测量方法及所涉及的测量部位，要在测量标准上保持统一性，不能随意而定。只有这样，才能保证最终取得的数据结果是客观的，才有一定的借鉴和研究价值。

第二，在测量时，为了保证测量结果的差异性尽可能地小，应尽量选择相同的测量手段，这样才能最终保证判断依据有较高的可信度。

第三，对测试出的数据的评价要客观，主观臆断是不可取的。评价的客观性、正确性至关重要。

第四，在测量时，一定要保证对选材对象各方面预测的准确性、可靠性。

（五）经济性原则

人才选拔工作是需要一定的资金支持的，但是，受到经济发展或者其他方面的影响，对篮球后备人才选拔的资金支持较为有限，这就需要遵循经济性原则。

该原则是指在篮球后备人才的选拔过程中，要尽可能保证其经济性。

具体来说，就是用尽可能少的费用支出和人员、时间的投入，取得尽可能大的经济效益。

（六）多因素综合分析原则

一个人的运动能力，是先天遗传和后天努力共同作用而形成的。通常，在人才选拔的初级阶段，注重的是对运动员先天运动能力的测评和分析，随着选拔层次的不断提高，对运动员后天运动能力的测评和分析的比例会逐渐增加。

需要强调的是，对后天努力的重视，并不意味着对先天遗传因素的忽视。另外，运动成绩的好坏取决于多方面因素的共同作用，某一方面的不足会对后备人才的发展产生一定的影响，但是，另一方面的突出能使存在的某些缺陷得到有效的弥补。没有一个人是完美的，每个人都有其优势，也必然存在不足。因此，这要求我们深入且细致地分析测量结果，然后将对成绩起决定性影响的几个关键因素作为主要对象，综合权衡，有针对性地做出取舍。

（七）多方法综合应用原则

在人才选拔的过程中，对备选对象的某一项或综合运动能力所采用的测试、评价、预测方法等不是单一的，具有多样性的特点，将这些方法综合加以运用，就是所谓的多方法综合应用原则。

对篮球后备人才的选拔，可以采用多种方法来判断备选对象先天或后天的运动能力。相关学科的渗透，能使人才选拔方法的多样化程度进一步提升。

目前，人才选拔采用的方法主要有经验选材法及追溯选材法等。经验选材是教练员在选材实践中获得的感性认识。科学化选材还处于初步发展阶段，所建立的相关体系还很不完善，因此，不能单独使用这种方法进行篮球后备人才的选拔，它需要与经验选材结合起来。这里要强调的是，经验选材不能作为唯一的方法用于人才选拔，因为它具有一定的盲目性和个人倾向的片面性特点。要保证人才选拔的客观性和科学性，就必须使科学选材与经验选材相辅相成，这样才能取得良好的选材效果。

（八）德才兼备原则

“德才兼备”也是篮球后备人才选拔时要遵循的基本原则之一。这里所说的“德”是人才选拔的重要前提，被选的人必须满足德育的要求。“才”是从业务角度提出的标准，是选材的必备条件，具体包含了后备人才的形态、素质、机能、心理、技术、战术、专项运动能力、智力和情感等多方面内容。

（九）人才选拔与训练相结合的原则

篮球后备人才的选拔，不能只停留在理论方面，还要对后备人才在实践方面的表现进行考察，在具体的运动实践过程中，后备人才的各种运动素质才能表现出来，这是人才选拔的重要依据。

曾有人指出:“只有当一个少年接受训练时，才能看到他是否适合这一项目。”篮球后备人才的选拔，是一个较长的过程，想要在短时间内完成是不可能的。

人才的选拔和训练实践是依据人才的运动水平从低到高逐渐提升的，较低层次的选材和训练在某种意义上是为了适应更高训练层次（而且是多层次）的人才选拔。因此，人才选拔可以说是育才的有机组成部分，这在初级、中级训练的全过程中都有所体现。在这个全过程中，教学训练、跟踪测评、预测分析、挑选淘汰的选优工作会持续进行。在训练实践过程中，我们能看到备选人才的进步速度、学习能力等，因此，也能对备选人才的体能、技能、心理等素质水平有一个初步的判断，同时，还能对其发展潜力进行客观的预判和推断。此外，在备选人才的训练过程中，我们还要注意将其优势尽可能地发挥出来，而对其不足之处尽可能规避，尽可能缩小其与最佳选材模式的差距，从而更好地适应更高层次的选材或选拔工作。

（十）注重潜力原则

注重潜力也是篮球后备人才选拔的基本原则之一。选拔的后备人才，不仅要有天赋，还要有非常大的发展潜力，这样才能保证他们今后的成长速度和对篮球运动所产生的积极影响是显著的，才能为某项运动的持续发展奠定坚实的基础。

（十一）当前测评与预测未来相结合的原则

篮球后备人才的选拔，就是借助科学的理论和方法对运动员进行测试和评价，进而对其未来在篮球运动方面的竞技能力进行准确的预测，两者不可偏废。

当前测评只是人才选拔的手段、过程，是预测的前提或基础，最终目的是预测或判断被选的人才未来是否能成为优秀运动员。预测在篮球后备人才的选拔中是处于核心地位的，所选择的指标必须与可预测性原则相符。

二、篮球后备人才选拔的方法

篮球后备人才选拔用到的方法主要有以下几种，具体要根据实际情况选用。

（一）遗传选材法

遗传选材法所针对的就是备选人才的先天条件，具体来说，我国目前初步确立的遗传选材方法主要有：家族选材法、环境选材法、遗传力选材法、染色体选材法、性别选材法、相关选材法、皮纹选材法、经络全息选材法、太阳黑子选材法及双生选材法等。下面对其中的几种加以介绍。

1. 家族选材法

家族选材法就是通过调查了解备选者家族的情况，对那些会对运动员运动能力产生影响的某个或某些因素（性状）的遗传规律、遗传方式和遗传情况进行重点关注，并且以此为依据，在严格遵循客观性原则的基础上，对该备选者的现状和未来发展趋势进行测评，最终决定该人才去留时所用到的一种后备人才选拔方法。

2. 遗传力选材法

遗传力选材法对于最佳选拔指标的优选通常是较为适用的。通常，那些与专项关系密切而遗传力又较大的指标今后改变的可能性较小，该方法预测的准确性较高，因此，可以作为最后确定的专项选择指标。

3. 皮纹选材法

皮纹选材法，就是将皮肤纹式作为调查和研究的主要对象，从辅助的角度测评备选对象的状况，最终达到选出的人才足够优秀的目标的方法。

（二）年龄选材法

年龄选材法主要是指进行人才选拔时对备选人才的年龄及相关因素进行调查的方法。通常，与年龄相关的因素主要涉及生长发育的年龄特征、儿童及青少年发育程度的鉴别及各运动项群的适宜选材年龄的确定等。

常见的鉴别后备人才发育程度的方法有很多，与年龄相关的方法主要有骨龄法、齿龄法以及用第二性征法。

（三）形态选材法

形态选材法就是通过对备选者的体型进行测评，并对其体型发展趋势进行预测和判断来做出人才选拔取舍决定的一种方法。这种方法通常包括体型测量法、体型预测法和体型评价法。

1. 体型测量法

体型测量法所测量的数据主要涉及后备人才的长度、围度、宽度及充实度。

（1）长度测量。长度测量主要用到的工具有直尺或卡尺，测量的内容涉及运动员的身高、臂长、下肢长、坐高、手长、足长、跟腱长等。

（2）围度测量。围度测量就是用皮尺对后备人才的胸围、臂围、腿围、臀围等进行测量。

（3）宽度测量。宽度测量主要涉及肩宽、手宽、足宽、骼宽、髋宽等。

（4）充实度测量。充实度测量具体来说，就是通过测试肌纤维类型，判断其肌肉中红白肌的比例。

2. 体型预测法

篮球后备人才选拔用到的体型预测法涉及身高预测和体宽预测两种。

（1）身高预测法。在篮球后备人才的选拔中运用的身高预测法，具体可以分为以下几种：第一，通过对其父母身高的了解，对其未来身高进行预测；第二，根据篮球后备人才当年的身高，对其未来身高进行预测；第三，根据篮球后备人才肢体发育长度，对其未来身高进行预测；第四，对篮球后备人才的发育程度进行了解，并据此对其未来身高进行预测。

（2）体宽预测法。该方法通过计算不同年龄段的篮球后备人才的体宽占成人体宽的百分比，来预测运动员未来的体宽数据。

3. 体型评价法

该法是指在篮球后备人才的选拔过程中，根据体型的外在特征和体型指数，来对运动员身体的胖瘦、高低及身体各部分的比例等进行评价的方法。

（四）身体素质选材法

身体素质选材法是指通过对篮球后备人才身体素质的测评，对这些后备人才进行取舍的一种选材方法。

在篮球后备人才的选拔中，用到的身体素质的测评指标必须与篮球专项相符。

通常，选拔篮球后备人才用到的指标有很多，其中，最为主要的有握力、背肌力、腿力、屈臂悬垂、引体向上、俯卧撑、仰卧起坐、纵跳、跳远、不同距离跑、体后屈、旋肩试验等。

（五）机能选材法

机能选材法是指通过对篮球后备人才生理机能的测评，并以此为依据，将优秀的运动员苗子选拔出来的方法。

一般来说，测评生理机能的指标有很多，在进行篮球后备人才的选拔时应该选择与篮球专项相适应的指标。通常，心血管系统和呼吸系统机能的测评是最常用到的。

1. 心血管系统机能测评法

这种测评方法主要包含 60 米跑心功指数法、30 秒三次蹲起机能试验法、哈佛台阶试验法、联合机能试验法等。在篮球后备人才的选拔过程中，此法要适当选用。

2. 呼吸系统机能测评法

这种测评方法主要包含肺活量测定法、五次肺活量测定法、最大摄氧量测定法、氧债测定法等，可根据篮球专项的特点加以选用。

（六）生化选材法

生化选材法是指对篮球后备人才生化指标的测评，并以此为依据，对后备人才进行取舍的方法。

在篮球后备人才的选拔中用到的生化指标主要有：血乳酸、无氧阈、血红蛋白、磷酸肌酸等。

（七）心理选材法

心理选材法是以备选人才的心理为突破口，通过应用现代心理学理论，完成篮球后备人才选拔的一种方法。

心理选材法对两个方面的内容加以测评：心理能力和个性心理特征，具体如下。

1. 心理能力测评

对于篮球后备人才来说，其心理能力主要涉及以下几方面内容：第一，注意力方面，参照的标准为注意力的集中程度和持久性；第二，运动记忆方面，参照的标准为运动记忆的准确性与牢固性；第三，运动知觉方面，参照的标准为运动知觉的广度与深度；第四，运动反应方面，参照的标准为运动反应的速度与稳定性；第五，运动表现方面，参照的标准为运动表现的完整性与清晰性；第六，运动感觉方面，参照的标准为运动感觉的敏锐性与稳定性；第七，运动思维方面，参照的标准为运动思维的敏捷性与实效性等。

对于篮球后备人才心理能力的测评，用到的主要有心理测试量表和其他相关测试工具。

2. 个性心理特征测评

篮球后备人才的个性心理特征所涉及的内容有很多，其中，性格、气质、神经类型、兴趣、能力、意志品质是较为主要的几个方面，需加以注意。

对于篮球后备人才个性心理特征的测评，用到的工具主要为个性测试量表和后备人才专项个性测试量表。

针对篮球后备人才不同的个性心理特征，用到的测量方法也不同，如可以用感觉测定法、视听觉测定法、问答题测定法、数字划消法、排瓶法、声响记录法、808 神经类型测定法、安菲莫夫矫正法等方法对后备人才的神经类型进行测定。

（八）运动技能选材法

运动技能选材法是指通过科学诊断和经验判断的结合使用，分析和评价篮球后备人才的技术和战术能力，选出优秀的运动员苗子的方法。通常我们将运动技能选材法分为技术测评法和战术测评法两种。

运动技能选材法经常在中级选材过程中被加以运用。

1. 技术测评法

技术测评法，就是针对篮球后备人才的技术进行测评，测评的内容涉及技术质量、技术容量、技术效果等方面。

具体的技术测评方法主要有询问（问卷）法、观察法、仪器测量法等。由于不同运动项目的技术测评方法各不相同，因此，要针对篮球专项的特点，选择相应的技术测评方法。

2. 战术测评法

战术测评法，就是针对篮球后备人才的战术进行测评，测评的内容涉及战术意识、战术理论、战术质量、战术数量及战术效果等方面。

具体的战术测评方法主要有心理测定法、询问（问卷）法、观察法、仪器分析法等。

通过上述分析可以发现，篮球后备人才选拔的方法已经呈现出系统性特点。在篮球后备人才选拔的实践过程中，教练员通常会将关注的重点放在选材方法上，尤其是那些针对篮球专项及其项群运动员和竞技运动后备人才的模型特征，以便能够及早发现优秀篮球运动员苗子。

（九）综合考查法

综合考查法是指通过对篮球后备人才的摸底预测、综合信息的分析等，选拔优秀的运动员苗子的方法。

这种方法具有显著的客观性，选材者能对篮球后备人才的整体情况有一个全面的了解，这是其优势所在。同时，它也具有缺点，如操作复杂，费时费力。因此，它只对中高级人才的选拔较为适用。

1. 摸底预测法

摸底预测法是指以篮球后备人才应有的素质要求为依据，较为广泛地测评应选人员的有关指标，并且以得出的结论为参照，对其发展潜力进行预测的一种方法。

摸底预测法在篮球后备人才选拔中的运用难度较大，因此，选材方需要具备良好的条件，包括科学的理论指导、专门的测检仪器、相关专家的配合。这种方法具有较强的科学性特点，能够保证被选出的篮球后备人才具有较高的成才率。

2. 训练观察法

训练观察法是指在篮球后备人才的专项运动训练过程中，考查他们的运动能力时用到的一种方法。

日常的专项运动训练，最能反映后备人才的实际运动能力。因此，我们通常将专项运动训练作为判断后备人才是否具有从事某项运动的潜力、能否成才的重要途径，具体观察的内容包括篮球后备人才的运动素质、心理素质、思想品质、作风、对运动的感受和接受能力等。

3. 信息跟踪法

人才本身是一个信息库，但是这一信息库并不是封锁的、独立的，而是开放的，与外界是有传输联系的。从信息论的角度来看，篮球后备人才选拔实际上就是不断发现和挖掘篮球后备人才的过程，换句话说，就是对人才输出的信息进行收集、整理、分析和判断的过程。这一方法在篮球后备人才的选拔过程中有着较为广泛的应用。

通过上述分析可以发现，篮球后备人才选拔方法是多种多样的。在人才选拔的实际操作中，我们往往会对两种或者两种以上的选材方法综合加以运用，这样不仅能保证人才选拔的准确性，而且能有效提高人才选拔的成功率。

第三节　篮球后备人才选拔的组织与管理

一、篮球后备人才选拔的组织管理体系

篮球后备人才选拔的整个过程是一项系统工程，是一个多层次、多阶段和多年连续的控制过程，其中涉及的工作环节有组织、计划、实施、评价监督等，包含的要求有五个方面，即目标、过程、财物、时间、效果。实践中要将这五大要素综合起来，实现整体最优化，这也从侧面反映出了选材过程的最优控制。

对篮球后备人才选拔的过程进行科学控制，必须具备的一个条件就是建立选材体系，并保证其周密性、完备性。与此同时，建立健全组织管理机构，明确各层次和各阶段的选材任务及相互间的有机联系，形成层层衔接的一条龙体系也是不可或缺的组成部分。

具体来说，就是要以后备人才选拔的客观规律为主要依据，将人才选拔的计划制订出来；同时，将测试与预测体系建立起来，保证其方向、目标、指标都是明确的。此外，选材过程中还要重视并充分发挥信息的作用，对人、财、物等已经具备的重要资源进行合理调配，对取得的结果进行及时反馈，使成果推广的速度得以提高、范围得以扩大。

优秀后备人才的层层筛选，需要严密的体系来保障；篮球后备人才选拔工作的顺利进行，离不开科学、恰当的管理；篮球后备人才选拔过程中参照的规律，优秀运动员苗子的高效选拔则必须具有完备的组织体系。

篮球后备人才选拔与运动训练两者是并列发展的关系。人才的选拔应与训练形成并列的体制。我国运动人才选拔系统隶属国家体育总局。各级

选材系统应由同一级别的体育、教育机构或体育协会组织和管理。例如，成立相应的组织机构，组织多学科人才的选材领导组，确定选材目标，制订选材计划，实施选材方案，总结检查反馈，将优秀的运动人才选拔出来。

对于篮球后备人才的选拔来说，选拔者的素质和水平高低，决定着被选拔者的质量，也决定着被选拔人才的发展潜力。这里所说的选拔者主要是指由多学科人才组成的选材领导组，他们是各级运动选材系统最主要的负责者。

篮球后备人才的选拔是一个多因素的分析过程，要对其中包含的先天因素和后天因素都进行充分测评和考量。测评的内容涉及生物学、社会学等方面，因此选材领导组应由多学科人才组成。

图 3-1 是选材组的人员结构模式图，随着运动选材研究的发展，其结构也会有所变化。

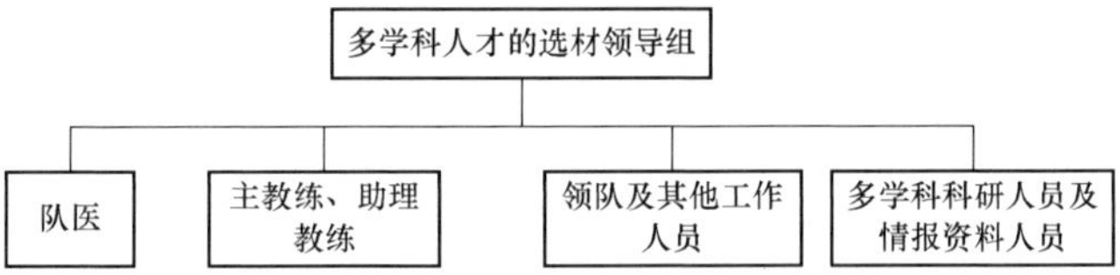

图 3-1　多学科人才的选材领导组人员结构模式

二、篮球后备人才选拔的层次和阶段

（一）基础与初级人才选拔层次

篮球后备人才的初级选拔，在整个人才选拔的过程中处于基础层次，主要是对篮球后备人才的发展潜力进行有效调查，初步将后备人才挑选出来。

1. 初选阶段

这一阶段的主要任务是，对篮球后备人才运动能力的先天条件进行充分了解，广泛发掘与篮球专项相适应的后备人才，这一阶段的了解要具有广泛性。

初选阶段篮球后备人才的选拔，是运动员选材的基础，这一时期选材的优劣会对今后培养出优秀运动员的数量产生直接影响。

选拔者可以通过体质普查和幼儿、小学生在体育课或体育活动中的表现，挑选那些显露头角的运动员苗子并对他们进行进一步的调查和评价。

具体来说，在篮球后备人才选拔的基础与初级选材阶段，需要做的工作有以下几个方面。

（1）准备工作。初选阶段的准备工作有两个内容：一个是初试方案的制定，另一个是评定、录取工作。

（2）测试内容。初选阶段的测试内容主要有四个方面：第一，遗传与家系调查。第二，对发育程度的鉴别，或对发育分型的鉴别。第三，形态和机能，以及某些心理素质的测评。第四，家庭及环境所产生的影响。

（3）发育程度的鉴别。鉴别篮球后备人才发育程度的方法有两种：一种是拍摄骨龄片，另一种是观察第二性征出现的顺序，具体要根据实际情况和需要加以选用。

（4）时间选择。针对不同的运动项目，后备人才的选拔时间也会有所不同。应尽早开展初选工作的主要是那些对速度、爆发力、协调性有着较高的要求、技术动作的复杂程度较高的运动项目；可以稍微晚些开展初选工作的主要是那些对力量素质有着较高要求、技术动作的复杂程度较低的运动项目。

（5）家系调查。在现实生活中，遗传对运动能力所产生的影响是非常大的，因此，对选材对象的家系进行调查是必要工作。我们可以利用遗传学的观点和方法，对篮球后备人才的家谱、家族特征等进行调查，这涉及的内容很多，如初选对象家系的形态特征、初选对象家系的运动能力与兴趣爱好、初选对象的出生情况等。

下面是篮球后备人才家系调查表（表 3–1）和篮球后备人才健康状况登记表（表 3–2）。

表 3–1 篮球后备人才家系调查表

姓名： 性别： 出生时间： 专项：

教练员姓名： 从事业余训练开始时间：

与篮球后备人才的关系	父亲	母亲	祖父	祖母	外祖父	外祖母	兄弟	姐妹
身高（厘米）								
体重（千克）								
体型倾向（胖、稍胖、结实、瘦、特瘦）								
性格（内向、中间型、外向）								
怀孕时父母亲的年龄（周岁）			—	—	—	—	—	—
母亲怀孕期间的健康状况	—		—	—	—	—	—	—
职业和职务							—	—
文化程度								
兴趣爱好（只能填体育或文艺）								
母亲月经初潮年龄（周岁）	—		—	—	—	—	—	—
健康状况（有无急、慢性疾病）								

表 3–2 篮球后备人才健康状况登记表

出生情况：第 胎	脊柱生理弯曲：正常 前屈 后屈
顺产 早产 剖宫产 钳产	胸廓形态：正常 鸡胸 桶状胸 漏斗胸
出生时的健康状况：	两侧肩、髂是否对称：
出生时身高：厘米； 体重：千克	肘关节有无过伸：
第 个月开始出现乳牙	下肢是否呈“X”形腿或“O”形腿：
（ ）岁开始换牙	膝关节有无过伸：
是否患过急、慢性疾病或传染病：（ ）	足弓扁平情况：
备注： 说明：	
填表人：	填表日期：

（6）体格检查。通常，对篮球后备人才的体格检查内容有很多，如主要的身体形态、心血管系统和呼吸系统的功能、肝功能、血常规、尿常规等和个人病史。通过对这些内容的检查，选材者能够对后备人才的一般健康情况和发育水平有所了解，同时，还能有效推断出是否存在影响后备人才的运动能力和技术发展的疾病或缺陷。

（7）综合指标评价。对选拔指标测试后所得出的数据进行评价是具有重要意义的。为了保证数据的客观性与准确性，选材者在数据的整理、输入和统计上必须做到认真、仔细；同时，选材者还要将评价分析信息及时地反馈给教练员和上级业务训练主管部门，为进一步的工作提供必要的依据和支持。

2. 复选阶段

初选阶段结束之后，就进入了复选阶段。这一阶段主要是通过训练和考查，对篮球后备人才的先天条件进行验证，然后对主要的影响因素进行进一步的评价和预测。

具体来说，在这一阶段首先要鉴别入选队员的发育程度和发育高潮期持续时间；其次要对其原有运动水平和集训期的成绩提高幅度有充分的了解；最后还要保证入选队员的可塑造性是比较强的，并且在承担大运动负荷训练方面的潜力是非常突出的。

（1）健康检查。所要选拔的篮球后备人才，如果有能对其运动能力产生严重限制的疾病或传染病，是必须被淘汰的，如乙肝、沙眼、运动器官的严重伤痛等。一定要对这些方面进行严格、仔细的检查。

（2）身体形态。对篮球后备人才定期进行身体形态测试，测试内容与初选内容基本相同。

（3）发育程度。对篮球后备人才定期进行骨龄的测定，同时，还要对其发育程度进行追踪。

（4）生理功能。在初选阶段指标的基础上，要适当增加一些生理功能指标，如血乳酸、最大摄氧量、血型等。

（5）运动技术。对篮球后备人才的运动技术水平进行定期测试，注意所选择的测试内容要与篮球专项特点相适应。

（6）身体素质。对篮球后备人才的身体素质也要定期进行测试。篮球后备人才的一般身体素质和专项身体素质都是测试的重要内容。另外，测试的内容要进一步拓展，增加一些与初选项目不同的、难度大一些的内容。

（7）心理品质。对篮球后备人才心理品质的测评，主要包括对其神经类型、气质、向型的测试，也包括视觉深度、动作反馈、注意分配等内容。

（8）智力水平。对篮球后备人才的智力水平进行测评，实际上就是对训练中后备人才对动作的掌握程度的测评、对后备人才在比赛中随机应变能力的测评，以及对其最终学习成绩的测评等。

（9）综合评价。定期测算篮球后备人才的身体形态、身体素质、运动成绩等。

3. 定向阶段

在初选、复选两个阶段之后，选材者已经对篮球后备人才的能力、爱好、兴趣、训练项目编制和教练员状况等有了综合性的了解和认识，以此为依据，就能基本上将篮球后备人才未来的方向和发展指标确定下来。

第三个阶段——定向阶段，对于初级人才选拔是较为适用的，而转项（在其他层次中也存在）可以理解为定向后的再定向。

对于大多数的教练员来说，他们在篮球后备人才选拔开始时，所参照的就是篮球专项所制定的目标。此时，篮球后备人才的爱好固然重要，但教练员、教师或科研人员的引导也很关键。总之，定向正确与否会对篮球后备人才的成长成才产生直接影响。

4. 决选阶段

决选阶段通常是篮球后备人才选拔工作的最后一环。这一阶段对所选择的篮球后备人才提出了较高的要求，具体如下。

（1）现有的成绩水平方面。此阶段，选材者会通过各种手段对篮球后备人才在决定其成绩的诸因素上是否拥有足够高的成绩参数进行测评，涉及的内容主要有以下几个方面。

第一，在训练中，运动成绩应达到优秀或超过平常水平。第二，必须具备与篮球专项特点相适应的身体能力。第三，具有相应的技术水平和特别的战术能力。第四，机能适应能力超过平均水平。第五，体型与篮球专项要求相符。

（2）成绩提高的速度方面。第一，相较一般的篮球运动员，篮球后备人才的成绩提高程度更高、速度也更快，进入更高的竞技等级的时间较短。第二，在篮球运动所需的专项心理竞技素质方面能够得到快速的发展。

（3）成绩的稳定性和继续提高的能力方面。第一，运动能力的提高具有一定的持续性特点，能不断创新纪录，在较好的成绩上能保持较长时间。第二，生理机能指标的连续性优势较为突出，在大运动负荷训练后，生化和机能指标恢复到静止时的指数的速度比较快。第三，心理竞技能力更强、稳定性更高。

（二）中级与高级人才选拔层次

篮球后备人才选拔在经过了基础与初级阶段之后，就进入了更高的层次，即中级与高级选材层次，这一层次的主要任务是将优秀的篮球后备人才选出来。

在这个层次中，测评重点要放在技战术、素质、意志等这些后天的、可控的、相对变化的因素上，同时，要减少对先天的、相对稳定因素的考虑，从而最终选出那些与世界优秀篮球运动员素质相近的人才。这里要重点强调，篮球后备人才选拔的层次越高，所参照的各指标标准就越高，测评考察的细致程度也更高。

篮球后备人才各层次的选拔存在着共同点，即将适合在篮球专项方面发展的优秀后备人才挑选出来。尽管不同选拔层次在个别选拔指标和方法上可能存在相同之处，但层次性差异还是较为显著的。

（1）选材层次越低，关注的多是那些先天的、不可控的和相对稳定的因素，并以此预测后备人才的发育潜力和训练潜力；此外还会对其运动能力的发展前景进行预测，初步挑选运动人才。

（2）选材层次越低，后备人才的选拔范围就越广泛，涉及的人数越多，而测试指标体系较简单，测试指标的可行性和可操作性强，测试的精度要求相对较低，入选标准越低。相反，选材层次越高，测评考察也就更全面、细致。

三、篮球后备人才选拔的基本程序

篮球后备人才选拔的全过程需要有科学的控制，具体来说，选拔需要遵照的基本程序有以下几个方面。

（一）确定人才选拔目标

这里所说的人才选拔的目标，实际上就是篮球后备人才及其发展前景。人才选拔目标的确定，应在一个重要的基础上进行，即通过调查将人才选拔的类别和现状明确下来。

（二）建立人才选拔的模式和模型

在将人才选拔目标确定下来以后，就要建立该级或各级优秀后备人才模型，并以此作为篮球后备人才选拔的必要参考依据。

篮球后备人才选拔模型的建立并不是随意而为的，为保证所建立的模型的科学性、合理性，要注意下面几方面。

（1）首先要全面、深入地分析和研究高水平篮球运动员的模型特征。

（2）根据研究的结果，结合多年人才选拔、训练测验的数据资料，对数理统计进行细致分析，以确定那些能够影响篮球专项成绩诸因素的指标体系及权重比例。

（3）篮球后备人才选拔模型中的各因素并不是独立的，而是有机联系在一起的。这就需要我们对此加以把握，将各个具体指标及标准汇成一体，由此，综合评定体系便形成了，该级别或各级别的人才选拔模型也可由此建立起来。

（三）制订人才选拔计划

制订篮球后备人才的选拔计划，需要具备的重要前提条件为目标的确定和模型的建立。

另外，篮球后备人才选拔计划的制订，还需要对影响因素和运动队的更新节律等加以考量。

（四）实施计划

实施计划，就是在篮球后备人才选拔的实践中应用所制订的人才选拔计划。具体来说，就是按照计划的要求，成立人才选拔机构，对工作人员进行明确的分工，要求要统一。同时，要按照计划规定的步骤对篮球后备人才进行测评，及时反馈，以便对计划进行相应的调整、修改。

（五）科学检验

篮球后备人才选拔的科学检验阶段，所涉及的内容较为广泛，具体如下。

1. 对入选队员的再评价

对选出的运动人才进行检验，包括最初检验和最终检验两种。

最初检验是指从多个方面测试所选的人才，并以此来检验人才选拔是否达到了预定目标。最初检验也能作为反馈信息被用于调整和修改人才选拔计划。

最终检验是指对所选人才进行多年的系统跟踪，借助所选人才的最终表现（运动能力、运动成绩）评价人才选拔的效果。此外，对人才选拔效果的评价还可依据运动员的淘汰率、训练工作的经济效果、参加重大比赛的获奖人数与训练人数之比来进行。

2. 对优秀运动员的最佳模式进行评价与修正

优秀运动员的最佳模式是相对的、可变的，篮球运动是不断发展的，因此，优秀运动员的最佳模式也是不断发展的。

3. 对篮球后备人才选拔工作中的测试内容和指标等进行评价与修正

人的体质发展、篮球运动的发展及预测科学的发展，都会带动篮球后备人才选拔工作中的测试内容和指标的变化和发展。

4. 对篮球后备人才选拔方法的评价与鉴定

在对篮球后备人才选拔方法的评价过程中，要参照有效性、可靠性、客观性、经济性、可行性等原则。

5. 对篮球后备人才选拔组织机构的评价

对篮球后备人才选拔组织机构的基本要求为高效、多能、精干，组织机构的人员结构要保证合理，选材者的知识水平要非常高，实践能力要非常强，工作态度要严谨认真。

6. 对篮球后备人才选拔所用的仪器、设备及其操作程序的科学性进行评价

在篮球后备人才选拔的过程中，评价人才选拔所用的仪器、设备及其操作程序，参照的标准主要为试验的稳定性、一致性和等价性等。

7. 对预测理论、预测方法的评价

对篮球后备人才选拔中预测理论、预测方法的评价，参照的检验标准为准确性、经济性和可行性等。

对篮球后备人才选拔中上述几个方面进行系统分析与检查，并不断进行调整，能对人才选拔工作的深入起促进作用。

四、篮球后备人才选拔计划

篮球后备人才选拔计划包含的内容主要有选材对象、测试指标、使用仪器、选材方法、数理统计方法和验收细则等。选材计划在模式上并没有统一起来，这方面虽未作硬性要求，但是也要力求全面、严密、便于实施，以达到预期目的。

通常情况下，篮球后备人才选拔计划按照时间的长短可分为三种类型，即长期计划、中期计划和短期计划。它们的特点不同，所包含的内容也不同。

（一）长期计划

长期计划通常指为期 10 年以上的计划。这种类型的计划对体育部门在较长时期内的发展方向、项目设置、队员人数、发展阶段和发展规模都进行了明确规定。它常常与体育部门或某个单项的远景规划整合为一体，或成为远景规划中的一部分，受远景规划的制约和管理。

（二）中期计划

中期计划通常指为期 1～5 年的计划或指篮球后备人才的行政领导或主教练在任期内的人才选拔计划。

中期计划通常是在长期计划的基础上编制的，是长期计划所规定的战

略目标和任务阶段的具体化，同时，它还为短期计划的制订提供重要依据。

中期计划能够有效避免短期计划因时间太短而带来的局限性，它还可以使运动项目配置、队员的更新等都得到有力保证。一般而言，中期计划对于人才选拔科研、管理干部培训等都是非常适用的。

（三）短期计划

短期计划是指某次人才选拔的工作计划，是长期计划和中期计划的进一步具体化。它包含的内容和参照的指标都比较细致，要求明确，方法具体。因此，这种类型的计划对于依据体型、运动素质、生理生化、运动心理、技战术能力等指标的选材都是较为适用的。

人才选拔的全国计划、地方计划是按体育计划的制订和管理范围划分的，对篮球运动的发展方向、发展目标、重点和非重点项目的配置、运动员人数的比例、选材的方法和步骤等都进行了明确的规定，部分指标也常被纳入这一范围的篮球运动发展计划。

第四章
篮球后备人才选拔指标体系构建

为促进我国篮球运动的健康快速发展，除了加强对运动员的训练，还要注意青少年后备人才的选拔工作。只有选出符合篮球运动发展要求、具有良好的素质和潜力的运动员才能更好地提升我国篮球运动水平。青少年篮球后备人才的选拔不是盲目的，需要建立在一定的选拔指标体系的基础上。本章将重点探讨篮球后备人才的选拔指标体系。

第一节　身体形态指标

一名篮球运动员，必须具备良好的身体形态条件，这样才能为从事这项运动奠定良好的身体基础。职业篮球运动员一般都拥有出众的身体条件，而这与选材是分不开的。

一、一般指标

（一）身体长度测量指标

一名职业运动员，必须具备良好的身体条件，其中身体长度是一个尤为重要的指标。身体长度的测量主要包括以下几个方面的指标。

1. 身高

每个人的身体条件都是不同的，身高主要受先天遗传因素的影响，也受后天锻炼的影响，虽然受前者的影响更大，但也不能忽视了后天的锻炼因素。在当今篮球运动员“高大化”的趋势下，进行选材时，一定要将身高作为一项非常重要的指标，尽可能地选择那些身高出众的人才。

目前，根据双亲身高预测子女未来身高是常用的方法。一个人的身高在很大程度上取决于父母的遗传基因，利用哈费利采克公式可大体预测出人的未来身高。

男孩：未来身高=（父身高+母身高）×1.08/2

女孩：未来身高=（父身高×0.923+母身高）/2

当然，这一公式只是用来预测身高的，并不是绝对的，因为一个人的身高还受环境、后天锻炼等不确定因素的影响。

2. 上肢长度

篮球运动对运动员的上肢长度有一定的要求，因为臂长较长的运动员在比赛中能获得明显的优势，如有利于抢篮板球、扣篮得分、增加防守面积等。在篮球后备人才的选拔中，选材者除了要关注身高指标外，还要关注上肢长度这一指标，选材时要将这两项指标结合起来。

3. 下肢长度

下肢长度主要反映的是机体骨骼生长发育的程度。一般来说，人体高度主要取决于下肢的长度，青少年的下肢生长稍早于上肢。在选材时，选材者要将下肢长度作为一个重要的指标。

（二）身体宽度测量指标

1. 肩宽

肩宽是指左右肩峰点的水平距离，它反映的主要是人体躯干上端的横径指标，通过这一指标能看出人体的大致体型。

反映上体发育情况和肩宽占身高比例关系的公式为：（肩宽/身高）×100%。青少年在 18 岁后肩宽这一指标基本趋于稳定。进行篮球后备人员选拔时，要将运动员的肩宽作为一项非常重要的指标，选材者要十分重视，尽量选择那些符合标准的人才。

2. 髂宽

髂宽是反映人体躯干下端横径的指标，也是一个重要的选拔指标。这一指标受遗传因素的影响比较大，且不易受后天因素的影响。

反映躯干体型特征和骨盆宽占身高比例关系的公式为：（髂宽/身高）×100%。与肩宽指标一样，这一指标在青少年 18 岁以后逐渐趋于稳定。从青春发育前期开始，这一指标的性别差异越来越大。

在篮球后备人才的选拔过程中，选材者要重视后备人才的骨盆宽，因为篮球运动员要具有较强的爆发力和弹跳力，而这一指标能很好地反映运动员这两项能力。

（三）其他围度测量指标

通常情况下，身体各围度能充分显示肌肉和皮脂增长的速度。

1. 胸围

胸围是指从肩胛下角下缘始，男至乳头上缘，女至乳头上方第四肋骨处的水平围长。胸围间接反映了胸廓大小和胸部肌肉发育的状况，是反映体型和身体健康状况的一个非常重要的指标，进行篮球后备人才选拔时需要重视这一指标，一般情况下，要选择那些胸廓发育情况良好的运动员。

2. 上臂围

篮球运动对运动员的上臂围要求比较高，通常来说，上臂围度越大，臂展越长，就越有利于运动员在比赛中占据优势。

上臂最大围与上臂最小围的差值是直接反映上臂、间接反映全身肌肉弹性（爆发力）和收缩力量大小的通用指标。通过公式得到的数值越大说明运动员的上臂肌肉发育程度越高。但在进行篮球后备人才选拔时不能过于看重这一数值，选材者还要对后备人才的未来发展做一个客观的预测，这一点需要重视。

3. 前臂围

前臂围主要包括前臂最大围和前臂最小围。前臂最大围是指前臂最粗处（近肘部）的水平围长；前臂最小围指前臂最细处（近腕部）的水平围长。通常情况下，前臂最大围的围度大，说明肌肉发育程度高、力量大，这对于篮球运动员的投篮、扣篮等动作有重要的影响。

4. 下肢围

（1）大腿围和小腿围。大腿围是指臀部与大腿的凹陷处“臀纹线”最低点的水平围长；小腿围是指小腿腓肠肌最粗处的水平围长。

大腿围和小腿围都在一定程度上反映了人体的下肢形态，一般情况下，围度越大，腿部肌肉发育越好。在选材时，对这两个围度的要求可适当放宽一些，根据实际情况选材。

（2）踝围。踝围是指小腿踝关节上方最细处的水平围长。一般情况下，踝围较小、跟腱长的运动员相对来说更适于参加运动训练。因此，在选材的过程中，选材者应尽量选择那些踝围相对较小的青少年，因为这样才是科学和合理的。

二、篮球专项指标

随着篮球运动的不断发展，运动员在空中的争夺日益激烈。在这样的情况下，那些身材高大、手臂更长的运动员自然就展现出了明显的优势。因此，要特别针对这些指标进行选材。

（一）身高

如今，篮球运动员对时空的争夺日益激烈，运动员“高大化”已经成为篮球运动的一个发展趋势。因此，在选材时，选材者一定要注意运动员身高这一指标。目前，世界各国篮球职业联赛的男子运动员平均身高在 2 米以上，具有较高身高的运动员往往具有先天的优势。

（二）去脂体重

去脂体重反映了人的生长发育状况和营养状况。通常来说，体脂在一定程度上反映了人体的肌肉发展状况。一般情况下，具有良好体脂百分比的运动员有更好的发展潜力。

因此，在篮球运动员的初级选材中，要确定一个合理的体脂百分比范围。一般来说，在 13～18 岁，男子运动员的体脂百分比为 12%～15%，女子运动员的体脂百分比为13%～18%。因此，在进行篮球后备人才选拔时要非常重视去脂体重这一指标。

（三）“指距–身高”

“指距–身高”是指两臂按水平方向充分伸展时两中指指尖点之间的距离减去身高得出的数值。数值越大，说明手臂越长，在用手控制球的篮球运动中的优势越大。因此，选材者要重视这一指标。

第二节　生理功能与生化指标

一、一般指标

（一）心血管功能指标

1. 心率

心率是指每分钟人体心脏搏动的次数。在生理功能方面，心率是一个非常重要的指标，对它的测试包括以下几个方面。

（1）基础心率。基础心率是指人早晨醒来静卧在床上时的心率，这一心率要比人体安静时的心率低。通常情况下，人的基础心率会随着运动水平的提高而平稳地下降。

（2）定量工作心率。定量工作心率是指从事同一运动训练或定量负荷训练时表现出来的心率。通常来说，运动员的定量工作心率越低，机体适应训练的能力越高。

（3）次极限心率。次极限心率是指从事极限负荷以下运动时的心率。一般情况下，运动员在次极限心率下训练水平有所提高或者取得优异的运动成绩，都能说明运动员的运动能力得到了提高。

（4）最大心率。最大心率在一定程度上反映了运动员的体能素质，运动员在参加极限负荷运动时的心率就是最大心率。通常来说，最大心率越大，运动员的心率储备越高，心脏耐受的运动强度就越大。选材者在选材的过程中要十分注意最大心率这一指标。

（5）运动后恢复期心率。运动后恢复期心率是指人体在运动后恢复期间的心率。通常情况下，高水平的运动员心率变化较小，并且心率恢复的速度非常快。

一般来说，运动员安静时的心率要比普通人慢很多。剧烈运动时心率会加快，每搏心排血量增加，肌肉供血和供氧量也会增加。在一定范围内，心排血量随着运动强度的增加而增加。通过各种各样的运动训练，运动员能有效地改善自己的心血管功能，促进身体机能的增强。

2. 血压

血压是指血管内的血液在单位面积内对血管壁的侧压力。通常所说的血压主要指的是动脉血压。心室收缩时，人体的动脉血压达到最高值，即收缩压或高压；心室舒张时，血压下降到最低值，即舒张压或低压；收缩压和舒张压之差为脉压。在进行运动员的选材工作时，有必要进行血压检测，只有符合要求的运动员才能进入下一阶段的选拔。

（1）一般情况下，运动员安静时的血压应该处在正常范围内，如果安静时的舒张压持续超过 90 毫米汞柱，且收缩压超过 130 毫米汞柱，这时运动员和选材者就要考虑是什么因素导致的这一状况。

（2）人在晨醒卧床时的血压通常是非常稳定的，如果这个时候的血压比平时高 20%左右，就说明出现了运动疲劳的现象，运动员要采取必要的措施和手段对其加以改善。

（3）运动员在参加运动训练的过程中，收缩压一般随着运动强度的增加而上升，进行大强度运动时收缩压可达 190 毫米汞柱或更高，舒张压不变或轻度上升或下降。如果人体在运动时脉压增加的幅度比平时减少或者运动时收缩压的上升与运动强度的增加不平衡或收缩压突然下降，说明人体机能出现了问题，需要找出原因并加以解决。

（4）在大强度负荷条件下，血压产生的变化要经过一定的调整后才能恢复正常。但需要注意的是，在出现意外情况时，运动员必须尽快地调整，否则血压可能会持续上升，进而带来不良后果。

3. 心功能指标

心功能指标用于评定心脏功能状态。心脏功能可以说是一项重要的生理功能指标。篮球运动的运动强度非常大，因此，运动员必须具备出色的心脏功能。

在测试运动员的心脏功能时，要充分结合人体的安静心率、运动中心率和运动后恢复期心率，进行综合评价，这样才能得出客观有效的结论。人体心功能综合指数越小表明心脏功能越强。

（二）呼吸功能指标

人的生命的维持离不开呼吸这一功能，人体通过肺摄取氧气和呼出二氧化碳来满足自身新陈代谢的需求。在进行运动员选材时，选材者要非常重视以下几个呼吸功能指标。

1. 肺活量

肺活量是指运动员在一次尽力吸气后，再尽力呼出的气体总量，这是一个重要的检测人的呼吸功能的指标。它主要受后天锻炼因素的影响，遗传因素仅占很小的一部分。因此，青少年可以通过适当的运动训练来获得良好的肺活量。在篮球后备人才选拔中，肺活量也是一项指标，但对此不必严格要求，达标即可。

大量的实践与事实表明，人的肺活量会随着年龄的增长而增加。经过长期训练的运动员，其肺活量可达到 4500 毫升以上，远远大于普通人的肺活量。

2. 最大摄氧量

最大摄氧量是指人体在呼吸循环等机能达到最高水平的状况下，单位时间内摄取和利用氧的最大量。这一指标在一定程度上能反映出人体吸进氧、运输氧和利用氧的能力。

大量的研究与实践表明，最大摄氧量是决定许多项目运动员最好成绩的关键因素之一，因此，选材者一定要高度重视这一指标。

（三）感知觉功能指标

人体的各个部位对内外环境的感知就是人体的感知觉功能。一般情况下，运动员的感知觉越精细，动作就会越协调，各种感受器协作的灵敏度也越高。感知觉的功能发挥有赖于神经系统和感官系统，是神经系统和感官系统生理功能的具体表现。感知觉功能同心理作用的关系密切，如运动员的心理素质虽然受遗传因素的影响很大，但它最终需要通过感知觉功能来实现。因此，感知觉功能非常重要，也是篮球后备人才选拔时的一项重要指标。

1. 视觉

视觉主要受遗传因素的影响，视觉功能的好坏对运动员的影响非常大，在选材的过程中应尽可能避免选拔那些有视觉问题的运动员。

（1）视力。视力是指眼睛识别目标物体的能力。通常我们用各种视力表来检查视敏度。一般来说，运动员的视力越好，所获得的感知觉就越好。

（2）立体视觉。立体视觉是反映机体远距离视觉平衡能力的指标。在体育运动中，立体视觉对球类运动员准确地判断人与球的各种位置关系、距离起主要作用。研究发现，篮球运动员的立体视觉都相当优秀。因此，选材者要将立体视觉作为一个非常重要的选拔指标。

2. 动作频率感觉

动作频率感觉主要是测试运动员摆臂与抬腿的动作频率感及最大动作频率。这一指标也是篮球运动员选材的一项重要指标，选材者应重视。

3. 臂、腿动觉

臂、腿动觉的辨别主要是测定运动员臂、腿本体感觉的准确性。本体感觉是指人体骨骼肌、腱、关节囊、韧带内的感受器能够感受人体在空中的位置变化，以及皮肤纹理的精细触觉。因此臂、腿动觉对篮球运动来说十分重要。作为运动员，本体感觉的好坏，与学习、掌握运动技能的快慢密切相关。越是优秀的运动员，其本体感觉也越突出。拥有良好的本体感觉对运动员学习运动技术技能有着非常重要的作用，因此在选材中应对其加以重视。

需要注意的是，关于本体感觉同遗传因素的关系，还有待观察和考证，目前尚缺乏遗传数据方面的理论支持。

二、篮球专项指标

篮球比赛非常激烈，比赛的过程中充满了身体对抗和竞争，因此要想具备强大的对抗实力，没有良好的呼吸系统和心血管系统机能是行不通的。这两大系统深深影响着运动员身体机能的发展。因此，在进行篮球运动员选材时要注意生理与生化方面的指标。

（一）最大摄氧量

最大摄氧量是指人体在呼吸循环等机能达到最高水平的状况下，单位时间内摄取和利用氧的最大量。它的数值代表着人体吸进氧、运输氧和利用氧能力的高低。篮球运动是一项有氧与无氧混合型运动，因此，最大摄氧量的高低将直接影响运动员的身体机能水平，在选材时一定要多加注意。

（二）心率

心率是指每分钟人体心脏搏动的次数。这一指标最为常见，也容易测量。通常来说，人的心率越快，心输出的血量就越多。人体在静止与运动中的心率是不同的。我们通过心率的变化情况能初步判定运动者身体机能的发展情况。

（三）血乳酸

在篮球运动选材中，血乳酸是一个非常重要的指标。教练员根据这一指标能很好地控制和调整训练强度，从而实现科学的训练。血乳酸主要受遗传、运动强度、运动时间、训练水平等多方面的影响，选材者在选材时要高度重视。

第三节　运动素质指标

运动员的运动素质主要包括力量、速度、耐力、柔韧、灵敏素质等，它们决定着运动员身体素质的发展。在选拔篮球后备人才时要重视运动员的这些运动素质指标。

一、一般指标

（一）力量素质指标

一般来说，大部分运动项目对运动员的力量素质都要求较高。对于篮球运动员而言，他们必须具备出色的爆发力与弹跳力。下面就对这两项指标做具体的说明。

1. 爆发力指标

爆发力是力量素质中一项非常重要的指标，这一指标对于篮球运动员而言非常重要。力量大小在一定程度上决定着运动员爆发力的大小，但不仅仅是力量这一个方面，人体爆发力主要取决于力量与速度的结合。

机体瞬时的肌肉收缩力越强，运动能力也越强。在进行篮球运动员选材时，要选择那些起跳爆发力好的儿童及青少年。关于爆发力的测定，通常采用以下几种方法。

（1）原地纵跳摸高。这一方法主要用来测定运动员的下肢伸肌在向上跳起时爆发力的大小。

（2）立定跳远。这一方法主要是测定运动员的下肢伸肌在向前跳时爆发力的大小。此外，它还能在一定程度上测试运动员的灵敏素质。

一般来说，运动员力量的大小与肌肉系统有着非常密切的关系，通常情况下，人体肌肉系统的发育越完善，力量就越大。肌肉系统和力量素质在人体的发育中都是属于比较晚的。如果儿童及青少年过早地表现出很好的力量素质，很有可能是由于提前发育，而这种类型的儿童及青少年在今后很难有高水平的发展，随着身体的进一步发育，他们的力量优势会消失殆尽。因此，在选材的过程中，一定要考虑测试对象的发育程度，选用科学合理的测试方法。

2. 弹跳力指标

弹跳素质在篮球运动中扮演着十分重要的角色，良好的弹跳素质能在一定程度上弥补身高的不足，有利于运动员在比赛中获得主动权。

弹跳力就是运动员的跳跃能力，是运动员速度、力量和协调能力等的综合表现。在篮球运动中，运动员的弹跳力无时无刻不在发挥作用，可以说，提高篮球运动员的弹跳力对于其技战术水平的发展起着决定性的作用。一般来说，决定运动员弹跳素质的因素主要是速度和力量。在平时的运动训练中，运动员一定要加强速度和力量素质的训练。

篮球比赛越来越激烈的对抗争夺，越来越快速的攻防转换，以及篮球运动员高大化的发展趋势，都对篮球运动员的弹跳力提出了越来越高的要求。由此可见，弹跳力是篮球运动员必须具备的专项素质，是篮球后备人才选拔时的一个非常重要的指标。

（二）速度素质指标

篮球比赛中的对抗非常激烈，篮球比赛可以说是运动员对时间与空间的争夺。一般来说，人的速度素质主要有 3 种形式，即反应速度、动作速度和位移速度。速度素质可以说是篮球运动员必须具备的素质之一。

一般来说，速度素质主要表现在移动速度和挥臂速率两方面，速度素质的遗传度较高，反应速度为 75%，动作速度为 50%。反应速度与篮球运动员的选材有较大关系，对篮球比赛有着非常重要的意义。速度素质好，能加快攻守速度和节奏。扣篮时需要快速挥臂、扣球，对这一素质有着较高的要求。

下面重点分析一下篮球运动员选材中的速度素质指标。

1. 反应速度

人体受到一定的外界刺激就会做出一定的反应，这一能力就是反应速度。良好的反应速度是运动员所必须具备的一种能力。大量的研究与实践表明，人的反应速度受遗传因素的影响非常之大，即使经过后天训练，反应速度也不易提高。对于这一指标主要采用简单反应时、手的反应速度的方法来测试。

（1）简单反应时

受测者坐于仪器前，做好充分的准备，等待测试人员发出口令。测试人员发出口令时，受测者要对面前测试盒出现的灯光或声音做出按键反应。

约 2 秒后，测试人员释放信号，受测者一看到信号或听到，就立即做出按键反应。

在测试的过程中，要记录看到灯光或听到声音做出反应的时间。一般视、听反应各测 5～10 次，求出平均数，以毫秒为单位。通常情况下，运动员的反应时越短越好。

（2）手的反应速度

在进行测试时，受测者坐在桌前，手臂放松平放于桌面上，手指伸出桌边 3～4 厘米，拇指与食指稍稍张开，“虎口”宽度不超过 2 厘米，上缘水平、指间距离也尽量相等，眼睛注视 0 点基线。受测者做捏住计时尺的预备姿势，并将计时尺的 0 点基线对准拇、食指的上缘。测试人员捏住计时尺的上端。

测试人员喊“预备”口令后，受测者随时准备迅速用拇指和食指捏住即将下落的计时尺。要求受测者集中注意力，先做几次练习，以掌握方法。从喊“预备”到计时尺下落，其间隔控制在 1.5～2 秒。计时尺下落时，受测者立即捏住，从拇指上缘刻度上记下读数，即为受测者的反应时间。测试约 20 次，把反应最快和最慢的各 5 次舍掉，取中间 10 次成绩，求出它们的平均数即为有效成绩。

总的来说，以上两个测试反应速度的方法比较简单，也是测试运动员速度素质比较常用的方法。在篮球运动员选材中，要非常重视反应速度指标的测试。

2. 动作速度

动作速度是指人体完成单个小动作或成套动作时间的长短。一般来说，动作速度的快慢与运动成绩的好坏有密切的关系，动作速度也因此是篮球后备人才选拔的一个非常重要的指标。篮球运动中，完成起跳扣篮及传接球都需要快速做出动作，因此，对这一指标要引起足够的重视。

动作速度的测定需要配备专门的仪器。如果条件不允许，可要求受测者在规定时间内，连续反复做一个动作，记录下在规定时间内的动作次数，这样也可以测出他的动作速度。

3. 位移速度

位移速度是指在周期性运动中单位时间内，人体快速运动的能力。这一素质不易受后天训练的影响，常用的测试方法是50米跑。

（三）耐力素质指标

耐力是指人体长时间进行肌肉活动的能力。耐力是人们从事各项运动必不可少的一种运动素质，对于大多数项目而言，耐力素质在很大程度上影响着比赛成绩。耐力素质既有遗传的因素，也可以在后天训练中获得一定改善。如今篮球比赛的对抗越来越激烈，很多情况下，在常规比赛时间内无法分出胜负，需要通过加时赛来一决高下。所以运动员没有出色的耐力素质是无法完成比赛任务的。耐力素质是篮球后备人才选拔的一个重要指标。

可以采用以下几种方法来测试运动员的耐力素质。

1. 定距离计时跑

400米（50米×8次往返）跑：这是一个反映全身运动速度耐力的指标。

在自制的场地上，画50米跑道若干条，道宽为2～2.5米。起跑线前0.5米和49.5米处各竖一竹竿（高1.2米以上），置于跑道中间。秒表3～4块。

受测者采用站立式起跑姿势，在听到测试人员口令后开始起跑，往返8次。往返过程中要注意遵守既定规则。测试人员做好计时，在受测者胸部到达终点时停表。计时者每人两块表，记两道受测者的运动时间并负责记录。

800米跑、1500米跑：这是反映人体耐力水平的两个非常重要的指标，适合青少年篮球后备人才。

事先准备好400米或200米或300米平坦跑道若干条，秒表若干块。受测者3～4人为1组，采用站立式起跑姿势，听到测试人员口令后立即起跑，直至跑完全程。跑完后，测试人员应告知其继续走动，不要马上停止或坐下，以免发生意外。测试人员发出起跑口令时，计时者开表计时，在受测者胸部到达终点时停表。计时者每人两块表，记两道受测者的运动时间并负责记录。

2. 定时计距离跑

这一方法主要是测试运动员在规定时间内的跑动距离，在一定程度上测定运动员的耐力素质水平。测试人员可以根据青少年的身体发育特点合理地设计跑动时间，如 9 分钟跑、12 分钟跑等，一般情况下，12 分钟跑最为常用。

准备一条 400 米的跑道，秒表若干块，发令枪或口哨。受测者听到测试人员的口令后，以最快的速度跑并坚持完成规定的时间。最后测试人员记录好运动员的跑动距离。

（四）柔韧素质指标

柔韧性是指人体在运动时各关节间所能达到的最大活动范围。篮球运动员必须具备良好的柔韧素质，这对于其参加篮球训练和比赛具有重要的意义。

实际上，柔韧素质对于任何运动项目都具有重要的意义，其发展在相当程度上影响着力量、速度、耐力、灵敏等素质的发展，因此必须对其足够重视。常用的柔韧性测试的方法有很多，下面简单介绍几种。

1. 髋关节柔韧性

纵横劈叉是测试髋关节柔韧性、反映髋关节伸展能力的重要指标。纵横劈叉包括前后方向的纵劈叉和左右方向的横劈叉。

测试前准备好刻度尺和测角规，受测者要做好下肢的各方位拉伸练习，以防测试时拉伤。正式测试时，受测者两腿前后或左右缓慢分开，尽量使双腿分叉处接近地面，两腿向远离身体方向伸出。

测量股骨大转子尖至地面的垂直距离，垂直距离越短，说明髋关节柔韧性越好。也可以测量两个脚跟之间的水平距离。共测量 3 次，以厘米为单位，取最好成绩。

2. 腰椎关节柔韧性

立位体前屈用于测试髋关节和腰椎背部软组织的伸展能力。测试前，准备好体前屈测试计，受测者应做好充分的体前屈拉伸练习，防止受伤。开始测试时受测者站在凳上做充分的体前屈动作，两臂伸直，两手指尖平齐；双腿伸直，脚跟并拢，两脚尖分开约 5 厘米，上体尽量前屈下压。

受测者两臂停稳后，记录两手并齐指间末端的刻度。应尽量使中指尖触到刻度尺最下端的刻度，测试人员记录中指指尖末端平齐的刻度（不含指甲），以厘米为单位。

（五）灵敏素质指标

灵敏素质是一种综合素质，是指运动员在训练和比赛中能迅速、准确、协调地改变身体部位进行运动的能力。各种球类运动都对运动员的灵敏素质有着较高的要求，如篮球运动中的突然起动、急停、运球过人等都需要具备良好的灵敏素质。

现代篮球运动向着快速、多变的方向发展，对高空的争夺、瞬间动作的完成等都需要运动员迅速做出反应，及时且高质量地完成合理动作。身材高大的运动员，必须努力提高自己的灵敏素质，而对于小个子运动员而言，灵敏素质能在一定程度上弥补其身高方面的缺陷。

在篮球运动员选材中，常用的灵敏素质的测试方法主要有以下几种。

1. 立卧撑

立卧撑是一项很好的测定运动员灵敏素质的方法，主要是测试运动员快速变换身体姿势的能力。需要注意的是，这一方法对运动量有着较高的要求，同时运动强度也不低，对青少年运动员不宜采用这一方法。

选择室内地板或室外平坦地面作为测试场地，准备秒表 1 块。测试时，受测者呈立正姿势站立，测试人员发出口令后，受测者双手距脚尖 15 厘米处扶地成蹲撑，双腿向后伸直成俯撑，再收腿成蹲撑，然后还原成立正姿势，即完成一次动作。

需要注意的是，俯撑时，背和腿必须伸直，不得弓背或塌腰。开始和结束时的身体必须呈立正姿势。连续做 10 秒，记录合格的动作次数。按每一动作计 1 分，动作全过程的四个阶段计 4 分，动作不合格减分，最后计算累积分数。

2. 反复横跨

反复横跨是一个测试人体灵敏性和协调性的指标。

选择合适的测试场地，可以在操场上进行，也可以在平坦的草地上进行。另外，准备秒表 1 块。测试时，受测者两脚跨中线站立，膝微屈。听到开始的口令后，单脚横跨旁边平行线，双脚落地，先跨右侧平行线，然后跨回中线，再跨左侧平行线，接着又跨回中线。要求横跨，不要向上跳起。往复进行 20 秒，记录横跨次数。跨越一条线得 1 分，即先跨过右侧平行线计 1 分，跨回中线累计得 2 分，再跨过左侧平行线累计得 3 分，再跨回中线累计得 4 分，即一次反复横跨得 4 分。横跨不过线则不计分。受测者进行两次测试，取其中较好一次的成绩。单位时间内反复横跨的次数越多，说明身体灵敏性和协调性越好。

3. 滑步倒跑

滑步倒跑是一个反映运动中身体向前、侧、后不同方位变换的能力的指标。

在一块平坦的地面上画一个边长 5 米的正方形，并画出两条对角线，在正方形的四个角各放置一个高度为 40 厘米左右的障碍物，按逆时针方向在各角设 A、B、C、D 4 个点。备秒表 1 块。

（1）受测者站在起点 A 处，听到“开始”（同时计时）的口令后，快速从 A 点用倒滑步沿场地外侧向 B 点跑。

（2）绕过 B 点障碍物后，沿对角线背向倒跑至 D 点。

（3）绕过 D 点障碍物后，正面冲刺到 A 点。

（4）绕过 A 点障碍物后，再转身跑至 C 点。

（5）绕过 C 点障碍物后，快速冲刺至 B 点。

（6）最后绕过 B 点障碍物，滑步至终点 A。

测试人员记录跑完全程所用的时间。共测 2 次，取较好一次成绩，用时越短，说明在激烈运动中人体变换运动方向的能力越强。

二、篮球专项指标

篮球运动员技战术的运用与其身体素质有着极为密切的关系。身体素质是运动员技战术水平发挥的重要基础，没有良好的身体素质作保证，技战术就难以得到有效的发挥。身体素质是由健康素质和运动素质构成的。身体素质提高的程度不仅关系着训练的效果，而且决定着运动员水平的提升幅度。素质选材指标既是评定运动员的标准，又是较好的训练方法。①

篮球后备人才运动素质的专项指标主要包括以下内容。

（一）速度素质

在篮球运动中，速度素质有着重要的意义。良好的速度素质能加快攻守速度和节奏，获得优势，争取主动。30 米、60 米和 100 米跑的测试方法简便易行，是较理想的测试指标。

（二）耐力素质

一般来说，人的耐力素质的好坏与人体循环系统、肌肉系统、呼吸系统、神经系统水平有着直接的关系，因此对耐力素质的评定也代表着对其他相关素质的间接评定。800 米、1500 米计时跑可以作为测试篮球运动员耐力素质的指标，青少年运动员则更加适合 800 米跑。

（三）力量素质

一名出色的篮球运动员，必须具备强大的爆发力和速度，同时还要具有良好的腰背肌力，这样才能保证完成比赛中大量的跑、跳、抢等动作。测试力量素质可采用收腹举腿测腹肌力、三级蛙跳测试等。

（四）弹跳素质

弹跳力也是篮球运动员所必须具备的一项基本素质。篮球运动员的弹跳能力直接影响其在篮球比赛中的控制权。弹跳素质与爆发力、无氧代谢

① 叶巍. 新视角下篮球运动之人才研究[M]. 长春：吉林大学出版社，2013.

能力和全身协调能力有关。在篮球后备人才的选拔中，可以采用助跑单脚摸高的测试方法来测试运动员的弹跳能力。

（五）灵敏素质

篮球比赛注重对抗性，同时要具备良好的灵敏素质才能完成各种技术动作。因此灵敏素质也是一项非常重要的指标。灵敏素质主要反映的是运动员在快速转换的条件下做出准确动作的能力，如篮球比赛中抢救快要出界落地的球时，只有具备良好的灵敏素质才有可能做到。因此，在选拔篮球后备人才时，要将其作为一项重要的指标。测试运动员灵敏素质的手段主要是十字跳。

第四节　心理与智力指标

一、心理指标

（一）操纵准确度

操纵准确度是指受试者用手、臂或脚快速、准确地完成较重要任务的能力。在篮球运动中，运动员的近距离投篮、远距离投篮等都需要一定的准确度，与这一项指标有着密切的关系。

（二）上下肢协调性

上下肢协调性是指手与手、手与脚或脚与脚的动作协调配合能力。篮球运动中的摆脱过人等技术，都需要良好的上下肢协调性才能完成，这是一项非常重要的指标。

（三）反应时

反应时是指机体对某个刺激快速做出反应的能力。对单一刺激做出的反应称为单纯反应时。反应时的长短，通常反映了运动员的起动反应能力，如篮球比赛中运动员抢篮板球的能力。

（四）四肢动作速度

人的心理素质也能通过四肢动作速度在一定程度上反映出来。篮球运动涉及手上运球及全场奔跑，因此对运动员的四肢动作速度有着较高的要求。具有良好的四肢动作速度的运动员能在最短的时间内做出高质量的动作。篮球比赛中的运球、过人等动作对这一项能力有较高的要求。

（五）手和臂的灵活性

手和臂的灵活性是指快速、准确操纵动作对象的能力。篮球比赛中，运动员的传接球需要手臂良好的配合，这也是一项重要的指标。

（六）手腕的动作速度

手腕的动作速度是指手腕带动手指做迅速运动的能力。这种能力可保证运动员动作的迅速性，如篮球比赛中的快速传球就充分表现了这一能力。

（七）手、臂的稳定性

手、臂的稳定性是指应用手和臂完成动作时能够保持稳定性的能力。这一指标对动作的速度和强度没有太高的要求。

（八）眼、手的协调性

眼、手的协调性是指眼睛接受刺激与用手做出反应之间相互协调、相互配合的能力。篮球比赛非常激烈，比赛中的攻防转换速度越来越快，这就要求运动员必须具备良好的眼、手协调能力。

二、智力指标

智力是人的一种综合能力，主要包括观察力、记忆力、想象力、思维能力、注意力等几个方面。每个人的智力都是不同的。关于智力不同的原因，存在着两种不同的看法：一种是智慧才能是有遗传性的，环境没有多大的影响；另一种是智力不是遗传的，主要取决于环境的发展，特别是教育的作用。

人的智力是通过行为表现出来的，行为表现的物质基础是神经系统。

神经系统在人体生长发育过程中是最早形成且最早定型的。因此，智力发展受到环境和遗传双重因素的影响，只是比重关系还有待进一步研究。在篮球后备人才的选拔中，智力也是一项必不可少的指标。

第五节　我国篮球后备人才选拔指标体系存在的问题与解决对策

随着篮球运动的不断发展，我国涌现出了不少的篮球运动人才，但与诸多篮球运动强国相比，还存在着不小的差距。我国在篮球人才的培养方面还存在诸多问题，尤其表现在篮球后备人才的选拔方面。本节重点分析我国当前篮球后备人才选拔指标体系存在的一些问题，并提出有针对性的解决对策。

一、我国篮球后备人才选拔指标体系存在的问题

（一）过于强调形态与机能类指标

身体形态是篮球后备人才选拔的一个重要指标，这一指标主要包括身高、克托莱指数、“指距–身高”、上肢长、体重和足长等内容，这些指标与篮球人才的运动能力、运动成绩都有着极为密切的关系。从身体机能类指标来看，心功指数、肺活量和最大摄氧量与比赛成绩的相关性都很高。总的来看，我国篮球后备人才的选拔过于强调形态与技能类指标，其他方面的指标受到忽视，这非常不利于优秀人才的选拔。

据调查，在我国青少年篮球后备人才的选拔中，大部分选材者都在一定程度上忽视了运动技术和教练员评定等方面的因素，导致选材标准不很规范，评价结果也因此不够客观，这一点需要引起高度重视。

（二）指标考核内容相对单薄

我国青少年篮球运动员的选拔指标考核内容总体来看相对单薄，如身体形态类指标主要集中于肩宽、下肢长、坐高 3 个方面；机能类指标缺乏

对视野指标的考核；素质类指标除了对基本素质的考核外，缺乏对助跑摸高、原地摸高等指标的考核；在心理类指标方面，缺乏对稳定性、综合反应等指标的考核。由此可见，青少年篮球后备人才的指标考核内容显得比较单薄，不能很好地反映出篮球后备人才所需的特质，这需要引起选材者的高度重视。

（三）选拔指标体系单一、缺乏创新

调查发现，目前我国青少年篮球后备人才的选拔指标缺乏创新，未能根据篮球运动的发展做及时的调整。同时，对青少年篮球运动员选拔指标的考核主次不分，缺乏明确性，对运动员某些方面的考核过于宽泛，缺乏侧重性。因此，加强篮球后备人才选拔指标体系的建设势在必行。据了解，大部分专家及学者都认为青少年篮球运动员的科学选材离不开创新与完整的指标体系，只有建立一个科学和完善的选拔指标体系，才能选拔出高质量的篮球后备人才。

（四）忽略了客观条件的限制

大量的实践表明，篮球后备人才的选拔指标要尽可能简单易行、便于实施，制定的指标一定要有可行性和可接受性，否则就难以取得理想的选材效果。在后备人才选拔过程中，有时选材者却忽略了客观条件的限制，如仪器、设备、测试经费等这些客观因素都会影响选材的质量。在篮球后备人才选拔的过程中，要注意到这些因素的影响，并认真将其考虑在内。

二、针对上述问题的解决对策

（一）进一步健全体育人才选拔指标体系的建设

目前，我国篮球后备人才的选拔指标体系还存在各方面的问题，没有建立一个健全和完善的体系，同时还缺乏完善的法律法规和制度，即该体系还缺乏必要的法律保障。因此，国家体育主管部门要根据我国的实际情况，尽快制定合理的选拔制度，以保证篮球后备人才的选拔工作的顺利进行，比如新的选拔指标的制定、选材标准的编制、优秀运动员后备人才库

的建立等都是非常重要的措施，需要加紧完善。①

（二）加强对体育工作者的培训

调查发现，我国多数青少年篮球教练员毕业于体育师范院校，他们普遍具有丰富的篮球理论知识，但缺乏必要的篮球运动经历和执教经验，这给其教学与训练带来了诸多麻烦。另外，大部分基层教练员很少参加篮球运动方面的学术交流，也缺乏对青少年篮球后备人才科学选拔的认识。

对此，我国体育主管部门有必要采取有针对性的措施和手段加以解决，如定期组织篮球运动专家讲座、举行篮球运动座谈会等，以激发篮球教练员的创新意识和主动学习的意识。还可以将有一定训练实践经验的高校毕业生充实到教练员队伍中，充分挖掘他们的潜力，提高教练员的综合素质与业务水平。另外，还要建立完善的教练员队伍评价体系与奖励机制，这对于篮球运动员选拔指标体系的建立都是非常有帮助的。

（三）抓比赛、促训练

为促进我国篮球运动的进一步发展，中国篮球协会改革了篮球竞赛的体制，利用各种比赛来挖掘篮球运动的市场潜力，促进篮球运动事业的发展。为实现篮球运动发展的目标，相关部门要不断优化竞赛体制，通过竞赛对青少年篮球运动员实行全面的考核，避免单一化考察人才现象。另外，要不断优化选拔模式，从而选拔出真正具有篮球运动潜力的人才。

（四）加强交流，借鉴国外优秀选拔指标体系

为进一步完善我国篮球运动员的选拔指标体系，除了大力发展自身之外，我们还要加强与篮球运动强国的沟通与交流，参考和借鉴其篮球后备人才选拔经验。要鼓励运动员多参加国际篮球比赛，丰富队员的大赛经验，选派教练员到篮球运动强国进行交流、学习，增进与篮球运动强国的联系。只有如此，才能带动青少年篮球后备人才选拔体系的建设，从而制定出科学和完善的篮球运动人才选拔指标体系。

---

① 李煜. 吉林省青少年篮球运动员选材指标体系的调查与对策研究[D]. 大连：辽宁师范大学，2012.

（五）建立青少年篮球后备人才档案

1. 建立统一的人事档案

建立统一的青少年篮球运动员人事档案，对于青少年篮球运动人才的发展具有重要的意义。[①]青少年篮球训练不是一朝一夕的事情，它是一个长期的过程，运动员的各项身体机能变化对其今后的发展有着重要的影响。在运动训练实施阶段，如果教练员对运动员个人情况了解不到位，就难以组织与开展教学训练活动。教练员对运动员的基本身体素质缺乏了解，就难以制定有效的训练方案。这就要求教练员在长期的训练过程中注意收集运动员的系统训练资料，建立一个关于运动员各方面发展的档案，以便长期跟踪管理。

一般来说，青少年篮球运动员的个人档案主要包括以下几个方面的内容。

（1）篮球运动员个人基本情况介绍。

（2）篮球训练各项指标的确定。

①力量素质：主要包括一般力量素质与专项力量素质两大类。

②速度素质：主要包括一般速度素质与专项速度素质两大类。

③耐力素质：主要包括一般耐力素质与专项耐力素质两大类。

④个人训练情况：主要包括身体素质发展情况、运动基础、参加篮球运动的积极性、篮球运动意识等。

⑤个人健康情况：主要包括身体检查、性格判定等。

（3）运动员在比赛中的各项指标。

（4）各项评价指标。

2. 建立电子档案平台

在大数据时代，建立篮球后备人才的电子档案平台是尤为必要的，这样能大大方便对篮球人才的管理。篮球后备人才电子档案平台的内容可以包括以下几个部分。

---

① 于振峰. 新时期我国竞技篮球项目后备人才培养研究[M]. 北京：北京体育大学出版社，2012.

（1）建立一个收藏运动员个人档案的网络，利用各种技术手段追踪运动员的各种信息，以便充分了解运动员的具体发展情况。

（2）为提高高校篮球运动队的水平，学校可以根据实际情况招收一些有过运动员经历的学生，让他们参与训练，以带动整支篮球运动队的发展。

（3）学校要充分利用好自身的教育资源，开办一些与篮球运动相关的学科，丰富篮球后备人才的知识结构，提高其综合素质。

第五章
篮球后备人才培养途径研究

篮球运动的发展，取决于多种因素，其中，人才无疑是决定性因素。人才的竞争，是最重要的竞争。因此，做好人才培养工作，是篮球运动发展的根本举措。人才的发展，离不开篮球后备人才的选拔与培养，这是人才储备的重要基础。本章主要对篮球后备人才培养的途径进行研究，涉及篮球后备人才培养体制、青少年篮球队伍的建设、学校篮球训练基地建设，以及职业篮球俱乐部后备人才培养等方面的内容。

第一节　我国篮球后备人才培养体制分析

一、我国篮球后备人才培养体制现状

现在，篮球运动已经在世界范围内进一步普及和发展，一些篮球运动强国的运动水平领先，与其篮球人才的梯队建设有密切的关系。这已被世界各国充分认识。美国职业篮球之所以在世界上保持霸主地位长盛不衰，就在于其拥有大量的篮球人才资源。因此，培养篮球后备人才刻不容缓。

一直以来，我国篮球后备人才队伍的力量就不够强大，人才相对匮乏，对我国篮球运动的发展起到了制约作用。导致这一现象的主要问题在于，目前我国篮球人才培养体制与改革开放新形势下竞技体育人才培养机制的发展要求已经不相适应了。鉴于此，对我国篮球人才培养体制进行适当的调整与变革，已经势在必行，只有这样，我国的篮球运动才能焕发生机与活力，才能将更多的优秀人才挖掘出来并进行培养，奠定坚实的人才基础，为我国篮球人才培养可持续发展开启新路。

目前，我国篮球后备人才培养所采用的是“三级训练网”体制，这种体制是在举国体制的背景下提出的，具有其自身的优势和不足。下面就对其基本状况加以分析。

（一）充分发挥出举国体制的优势

我国目前在篮球后备人才培养方面一直沿用的是基层体校—省市专业队—国家队的“三级训练网”体制。

“三级训练网”体制具有显著特点：

（1）由国家给予资金支持，统一进行调配并加以使用。

（2）通过各级各类竞赛的举办，提升各级地方政府对竞技体育的重视程度，带动对体育后备人才的培养，并加大投入力度。

（3）各级政府都要重视后备人才的出路问题，并且为此出台了相应的政策，从而提供了制度上的保障。

（4）国家完全支付运动员的生活、训练、比赛等一切费用，做好资金方面的保障。

正是“三级训练网”体制的这些特点，使其在相当长的时间内，能够有效吸引大批青少年投身于竞技体育中，为竞技体育后备人才培养提供了坚实的人力资源基础。

事实证明，“三级训练网”这一体制，长期以来对我国体育事业的发展产生了重要影响，其本身所具有的举国体制的强大优势，使我国竞技体育“赶超战略”和“奥运争光”战略的实施都得到了有力保证，取得了举世瞩目的成就。

（二）投资渠道单一，供需矛盾加剧

在很长时间内，我国竞技体育的开展与后备人才的培养都是实行统包政策，这就意味着竞技体育发展和人才培养方面的资金来源只有国家这一个渠道，资金来源渠道单一。随着时代的不断进步与发展，对于人才的需求不断提升，人才培养的成本也不断提高，这就使后备人才培养的高投入与资金短缺之间的矛盾加剧，这种状况对于后备人才的培养会产生一定的阻碍作用。

目前，我国在篮球竞赛体制上进行了一些改革，一批具有职业化色彩的篮球俱乐部相继建立了起来，一线队伍对资金有了一定的吸纳能力。但这只是少数，大多数二、三线队伍仍然存在着经费严重不足的情况，这个问题尚未从根本上得到有效解决。

此外，我国各个地区都力争在运动会上取得理想的成绩，这导致主要的资金投入出现倾斜现象，倾向于“夺金效益”较高的优势项目，一些基础性项目与集体项目从而被冷落甚至被砍掉。篮球项目就是“深受其害”的项目之一，这导致篮球后备人才队伍的培养跟不上，出现严重萎缩的情况。

受此影响，至今我国仍有不少省份的一线队伍还没有得以恢复，二、三线的青少年篮球队伍在全国性比赛中出现的频率也很低。[①]

（三）体教脱节，制度优势逐渐丧失

“三级训练网”以各地基层体校为依托，将各个层级相互衔接起来，形成“一条龙”的整体运行机制。具体来说，这一体制是在国家的某些制度保障下实施的，通过行政手段的运用，在教育系统以外，形成了一套独立体系，这一体系不仅与体育教育相关，还与文化教育相关。

我国的体育人才培养，基本上都是在体校中进行的，但是体校本身存在着一些先天不足，在文化教育方面最为显著。主要表现为：第一，教学设施相对陈旧、师资力量相对薄弱；第二，各级体校为了保障自身利益，

① 叶巍. 新视角下篮球运动之人才研究[M]. 长春：吉林大学出版社，2013.

往往重训练轻文化，这种现象非常普遍，运动员的文化学习往往被忽视，造成运动员文化水平普遍较低。

目前，我国在人力资源的分配上逐渐发生变化，开始以市场化配置为主，原先体校及省市专业队的运动员出路安排政策，已经无法适应现代社会的发展了，这种“金饭碗”式的制度优势已经渐渐消失，再就业的资本在很大程度上由受教育程度的高低决定。调查发现，省、市专业队和体校培养的运动员，文化水平偏低是普遍存在的问题，这对于运动员退役后的分流安排会产生较大的阻力，成为他们退役后就业与生活的一个很大的制约因素。

近年来，随着经济发展速度的提高和经济建设成果的取得，加上高等教育的迅速发展，青少年成才的道路进一步拓宽，不再是之前的单向性发展，多元化的发展为青少年提供了更多机会和选择。这导致很多体育学校面临着篮球后备人才选拔与招生的困难，甚至有发生生源危机的可能。此外，后备人才培养体制的缺陷也逐渐显露，低效运作状态频现，这在很大程度上对我国篮球后备人才的选拔与培养起到阻碍作用。

二、中外篮球后备人才培养体制的比较

篮球后备人才培养体制，由于经济水平、政治格局、文化底蕴等方面的差别，各个国家有所差别。下面就重点对中国与美国、澳大利亚等国在篮球后备人才培养体制方面的差别进行分析。

（一）中国与美国篮球后备人才培养体制对比

1. 中美篮球后备人才培养途径与体制的对比

（1）中美篮球后备人才培养途径的对比。

①中国篮球后备人才培养途径。

我国的篮球后备人才培养途径主要有两种：一种是体育教育途径，另一种是竞技体育途径，这两种途径之间的关系并不紧密，而是相对分离的，在很多方面都存在着较大的差异。其中，体育教育途径以“健康第一”为指导思想，以小学、中学、大学等为基本形式；竞技体育途径以“三从一

大”“为国争光”为指导思想，以少体校、青年队、专业队（职业队）为基本形式。

从途径本身来说，它们在基本形式和指导思想上都是科学的，但是如果从对全面人才的培养和发展上来说，这两种途径都有所欠缺，需要进一步完善。我国篮球运动员的培养途径如图 5–1 所示。

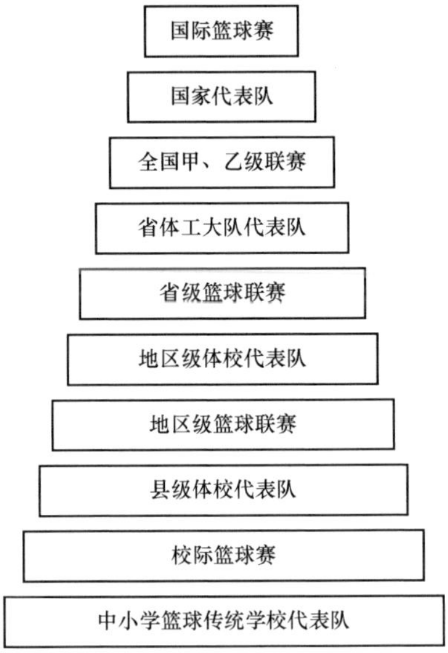

图 5–1　我国篮球运动员的培养途径

②美国篮球后备人才培养途径。

美国体育体制采用的是中小学、大学、职业队或俱乐部的基本形式。需要注意的是，这一体制在指导思想上是多元化的。

美国的篮球后备人才培养途径也分为两种，即竞技体育途径和体育教育途径，这两种途径在基本形式和指导思想方面也是不相同的，这决定了其他方面的差异也较为显著。美国大学生体育协会的特征是有机结合体育与教育，使二者融为一体。图 5–2 显示了美国篮球运动员的培养途径。

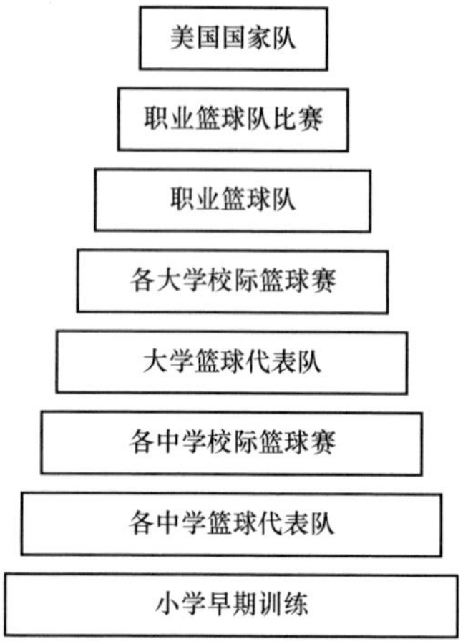

图 5-2　美国篮球运动员的培养途径

（2）中美篮球后备人才培养体制的对比。

①中国篮球后备人才培养体制。

我国在篮球后备人才培养方面，所采用的仍然是原有的篮球训练体制。在这种体制下，负责培养的组织主要为各级青年队、省市体育运动学校。早发现、集中培养，是我国篮球后备人才培养模式的主要特点。我国之所以会采用这种培养模式，主要是因为国家投入相对较少、人才管理效率高。但是该培养模式也存在着一定的缺陷，即运动员对文化教育的接受程度较低，导致他们文化水平不高，这对于他们运动训练效率的提升以及长远发展都是不利的。

②美国篮球后备人才培养体制。

美国篮球后备人才的培养是非常“普及”的，这是其优势所在。在美国，孩子们从小就开始接受篮球运动方面的教育与指导，且这些都是非常正规的。在选拔方面，人才经过层层筛选，直至进入 NBA，参加顶级篮球赛事。由此可以看出，在培养篮球后备人才方面，美国所采用的培养体制是有其发展优势的。

美国的大学非常重视对优秀篮球运动员的培养。美国的竞技体育与学校体育虽然处于同一体系和轨道，但是两者的阶段与层次是不同的，学校体育是竞技体育的基础，竞技体育是学校体育的进一步发展。可以说，较为完善的篮球运动员培养体制，为美国篮球运动员高超的技战术水平和较高的综合素质奠定了坚实的基础，保证了人才的全面发展。

2. 中美篮球竞赛体制的对比

（1）中国篮球竞赛体制。

我国曾长时间采取的是赛会制的竞赛体制，就是在一个地方集中参与比赛。赛会制在计划经济时期对我国篮球运动员的培养起到过一定的作用，但是随着我国社会经济的发展，这种竞赛体制与现代社会发展的需求和特点已经越来越不相适应，因而逐渐被主客场制的比赛方式所取代，这一新赛制在促进篮球运动员提升技术能力与观众主场意识的形成，以及在吸引更多的赞助方面都起到了非常积极的作用。

我国篮球后备人才培养及赛事管理等方面的工作，依然由政府负责。在开展篮球联赛的过程中，用到的手段仍然主要为行政方面的，较少涉及法律手段。这就导致我国篮球比赛制度较不合理，同国际社会的联系紧密度较低，竞赛的功能无法得到充分展现，甚至阻碍了竞赛的社会化发展。此外，在经费的筹集上也存在困难，筹款渠道太窄，无法使发掘篮球后备人才的需求得到满足，制约了篮球队伍进一步的发展和壮大。

（2）美国篮球竞赛体制。

美国篮球运动发展的一个重要的指导思想就是“以赛促练”。此外，美国篮球运动的商业化特点是其他国家所不可比拟的，这也是其篮球运动发展迅速的一个重要促进因素。需要强调的是，美国篮球比赛的强度大，频率高，这也促成了美国篮球运动员强悍、善斗的独特风格。

在竞赛管理方面，制度建设是美国篮球联赛高度重视的一个方面。为了吸引更多的优秀篮球人才，中学篮球队还设立了体育奖学金，这对于本校篮球队伍的壮大有着积极的影响，也是美国具有非常充足的篮球后备人才的重要原因之一。美国的篮球竞赛制度的完善程度也非常高，还非常重视篮球后备人才技战术能力及比赛能力的培养。总体上看，美国各级联赛系统的开放性特点都是较为显著的，篮球组织机构与社会各界的交流较为频繁且密切，各个级别的篮球联赛的发展方向都趋向社会化、商业化。

（二）中国与澳大利亚篮球后备人才培养体制对比

1. 中国篮球后备人才培养体制分析

我国主要采用“体校—省市专业队—国家队”的体制对篮球后备人才进行训练和培养，国家在培养后备人才方面采取的主要为集中培训和管理的形式，存在着培养方式单一的不足之处。

2. 澳大利亚篮球后备人才培养体制分析

澳大利亚体育运动的发展，与地方俱乐部和中小学校有着非常密切的关系。对于篮球运动来说，地方俱乐部和中小学校都是后备人才的重要培养基地，将优秀的后备人才输送到各个州级体校，经过培养，成为优秀篮球运动员。

通常可以将澳大利亚的竞技人才培养分为初、中、高 3 个等级。对于高等级的篮球人才所实行的是集中培养的制度，是由国家队来负责和实施的。各州对中级篮球人才进行重点培养，基层则重点培养初级篮球人才。这一人才培养模式能够将各地的优势和积极性充分发挥出来，充分利用各地的资源，促使人才培养的效率得到充分的提高。

第二节　青少年篮球队伍的建设

一、青少年篮球队伍壮大的方法

青少年篮球队伍的成长壮大是篮球后备人才培养的重要基础。可以通过以下几种方法来使青少年篮球队伍得以扩大。

第一，建立青少年篮球运动的基础训练体制。首先，将中国篮球协会篮球学校、体育运动学校的龙头作用充分发挥出来，在传统项目学校的基础上，制定出一条龙训练体制，并且应用于篮球后备人才的培养过程中，关注的重点要放在篮球运动骨干和较高水平的篮球后备人才的培养上。

第二，将体育与教育充分结合，建立起以大学为龙头、中学为重点、小学为基础的人才培养体系。

第三，通过积极的鼓励政策，充分调动社会力量兴办篮球学校或俱乐部，使篮球人才培养的渠道得到有效拓宽。

第四，将节假日和学生业余时间充分利用起来，做好篮球训练班、篮球夏令营等的开办工作，并保证形式的多样性，有效激发学生的参与兴趣。

第五，建立合理的青少年竞赛制度。

第六，完善教练员岗位培训制度，进一步提高教练员的训练水平。

二、青少年竞技篮球后备人才的培养

青少年的发展状况，对国家的未来发展有着十分重要的影响。一个民族和国家的未来发展，也与青少年的健康发展有着非常密切的关系，在竞技篮球人才的培养方面也不例外。

竞技篮球后备人才的培养是多因素综合作用的系统工程，必须以科学发展的观念作为青少年篮球后备人才队伍建设的出发点，从全局的角度出发，结合现代社会的发展状况，对我国青少年竞技篮球人才的培养进行认真审视，坚持全面协调可持续的科学发展观，才能对竞技篮球后备人才培养良性发展起到积极的作用。

三、青少年篮球队伍建设的策略

（一）做好篮球后备人才的科学选材工作

科学的选材，是篮球后备人才队伍建设的首要任务，是具有基础意义的重要环节，对于提升运动队实力、壮大人才队伍、取得良好竞赛成绩有着显著意义。

为了使篮球运动成绩不断取得突破，同时也使青少年篮球后备人才的数量有所增加、质量有所提高，传统的选材思维必须被打破，选材的范围要进一步扩大，做到广泛撒网，涉及范围尽可能达到全国的各个地方。要严格把控选材的途径和方法，避免不正当的选材手段和途径的干扰，使选材的科学性、公平性得到有力保证。在选材方法上，要注意先进方法的引进，使选材方法与社会发展需要和篮球专项特点相适应，建立篮球后备人才选材档案，使优秀人才流失的情况尽可能得到避免。

（二）完善教练员激励机制

任何体育项目的开展，都需要一定的竞技投入，青少年篮球后备人才队伍建设也不例外，要想对其整体发展起到推动作用，建立健全教练员队伍的奖励制度和激励机制就显得十分重要。

具体来说，应尽量合理地满足教练员的各方面要求和需求，如工资待遇、食宿安排、训练经费、医疗保障和科研设备等，在有效保障其生活和工作的基础上，还要有效实施教练员的奖励机制，将其积极充分调动起来，尽可能解除其后顾之忧，使其能够全身心地投入后备人才的培养，并形成良性竞争，更好地做好篮球后备人才的培养工作。

（三）依靠政策促进篮球人才队伍建设

根据中国国情，现阶段依然需要国家对青少年篮球运动的发展有足够的重视，这就要求教育部门及体育部门高度重视青少年篮球运动的发展。

青少年篮球运动的开展与推广，与教育部门有着密切的关系，教育部门处于主体地位，必须具有很强的责任意识，以此来有效推动青少年篮球运动的开展。与此同时，还要制定出能保障青少年篮球运动发展的相关制度，奠定坚实的制度基础。体育部门要将其协助作用发挥出来，在教育部门的带动下，充分发挥出其在实践技能方面的优势，与教育部门一起，为青少年篮球运动的快速发展提供推力。

（四）引入并充分利用社会优质资源

1. 社会资金的引入

体育运动的发展需要一定的资金支持，但具体体育项目的资金通常都是非常短缺的，尤其在学校里，能用于篮球这种专项性运动项目的资金更是紧张，并且资金来源也非常单一，主要形式就是学校拨款、教育部门设立的专项基金以及启动资金，其他基本上就没有了。事实上，仅靠这些资金，是很难推动和完善青少年篮球运动发展和人才队伍建设的。这就要求拓展经费的来源渠道，充分发挥出社会企业、个人、团体等的多元化的集资模式①，将这部分资源优势充分发挥出来，补充资金的不足。这样不仅能使学校运动队的场地基础设施得到完善，还能为青少年篮球训练及比赛提供所需要的经费。

2. 借助赛事的举办资源促进青少年篮球运动发展

借助篮球运动相关赛事的各宣传手段，吸引社会企业、个人来共同培养篮球运动的优秀后备人才，以“经营体育”的理念和向市场推进的思路，对社会优质资源加以整合，挖掘潜力，协作发展，激发活力。②借助举办相关赛事形成的社会资源、社会经济影响力，加强体育产业与篮球传统学校的合作，共同为青少年篮球运动发展做出应有的贡献。

3. 引入篮球明星推动青少年篮球运动发展

随着小篮球的兴起，也为了促进青少年篮球运动的发展，全国各地都开展了大量的小篮球比赛。通常，青少年能喜欢篮球运动、关注篮球运动并参与到篮球运动中，很大一部分原因是受到篮球明星的影响，这就是所谓的“明星效应”。“明星效应”能够将青少年参与篮球运动的兴趣与积极性有效激发出来。

---

① 阿布都热扎克·买买提. 乌鲁木齐市青少年校园篮球人才培养困境及对策研究[D]. 北京：北京体育大学，2019.

② 张成. 14 运视域下论陕西省青少年篮球后备人才培养[D]. 西安：西安体育学院，2019.

第三节　学校篮球训练基地的建设

一、学校篮球训练基地建设现状

学校的学生都处于青少年阶段，本节通过对青少年篮球训练基地建设情况进行分析，来反映学校篮球训练基地的建设情况。

国家体育总局和各级地方政府对篮球运动的重视度还是很高的，制定了相应的政策和法规给予制度上的支持，如中国篮球协会先后建立了一批具有代表性的青少年篮球训练重点基地。

青少年篮球训练基地在经过一定的改革发展之后，逐渐趋于完善。当前的青少年篮球训练基地，已经发展成为多功能、综合性的新型基地，其中涉及训练、竞赛、教学、培训、服务和培养体育后备人才等各个方面。国家和社会资金的支持，使基地的基础设施也得到了相应的发展，这为青少年篮球训练基地的进一步建设创造了良好条件。

表 5-1　国家篮管中心命名的 26 个青少年篮球训练重点单位

所属省市	训练单位名称
北京市	西城区体育运动学校、东城区体育运动学校
河北省	河北省体育运动学校、保定市篮球俱乐部
辽宁省	辽宁省体育运动学校、阜新篮球学校、丹东市体育运动学校
吉林省	吉林省体育运动学校、长春市体育馆体校
黑龙江省	黑龙江省体育运动学校、大庆市体育运动学校
上海市	上海市体育运动学校
江苏省	南京市中山东路体育运动学校、徐州市体育运动学校、苏州市体育运动学校
浙江省	浙江省体育运动学校
广东省	广东省体育运动学校、广州市体育运动学校

续表

所属省市	训练单位名称
福建省	福州市体育运动学校
山东省	烟台市体育运动学校、威海市体育运动学校、济南市体育运动学校
河南省	河南省体育运动学校、焦作市篮球学校
湖北省	湖北省体育运动学校、宜昌市体育运动学校

根据表 5–1，我国青少年篮球训练基地在层次上可以进行以下划分。

第一层次：主要包含黑龙江、吉林、辽宁、山东、河北 5 省。这些地区的青少年篮球训练基地都具有相当的完整性，且拥有不止一个青少年篮球重点训练单位，青少年篮球训练工作开展得最好，是我国竞技篮球后备人才的主要基地。

第二层次：主要包含北京、上海、河南、江苏、广东、湖北、福建等省市，这些地区也有青少年篮球训练重点单位，但是在队伍的梯队和训练基地方面，相较于第一层次的几个省要差一些。

第三层次：主要包含中西部的近 20 个省、市、自治区，这些地区是我国青少年篮球训练较为薄弱的地区。

受经济水平的影响，我国不同地区的体育发展水平也参差不齐，我国篮球后备人才培养和篮球训练基地发展也呈现出不平衡的情况。但是调查发现，黑龙江、吉林在我国并不属于经济最发达的省份，但其青少年篮球运动发展却取得了较为理想的成就，由此可以推断，篮球后备人才培养和篮球训练基地建设的进展，并不仅仅取决于经济发展水平这一个因素，自然条件、人们主观认识和竞技体育的传统等也会对其产生重要影响。

二、学校篮球场地的规格与建设

（一）篮球场地的基本规格

篮球比赛场地应是一块长方形的、平坦且无障碍物的硬质地面，场地规格为：长 28 米、宽 15 米（图 5–3）。

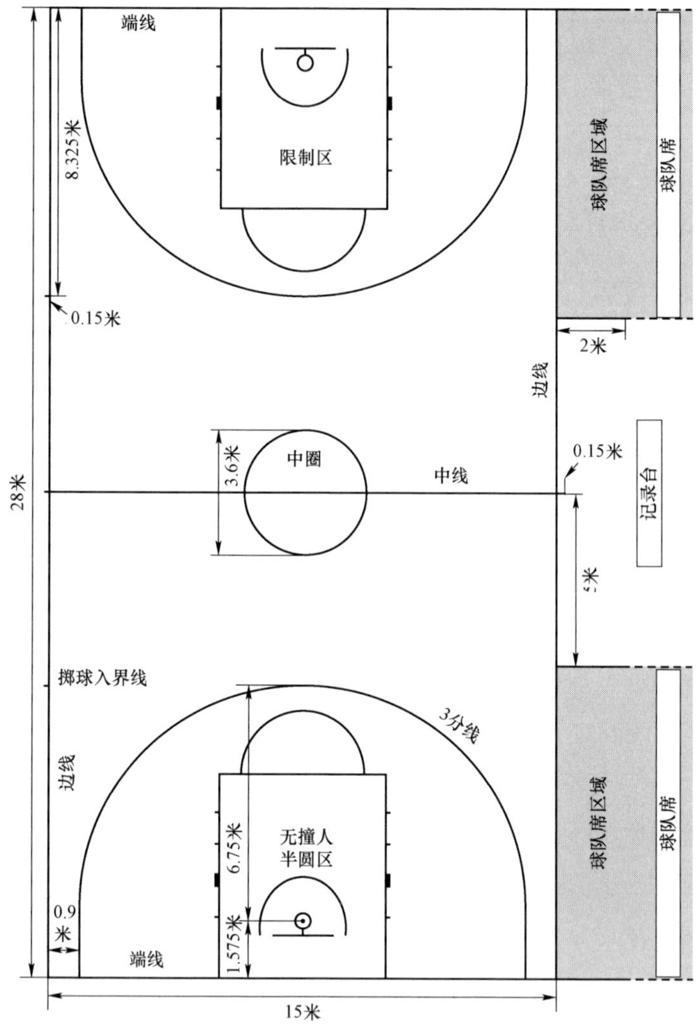

图 5–3 篮球场地规格

（二）篮球场地建设的基本要求

篮球场地建设，首先必须以校园规划的整体安排作为重要参照依据，然后才能将具体的建设计划和措施确定下来。在建设过程中，要对学校各个功能区的综合布局加以考量，尽可能与教学楼保持一定距离，避免学生在教室里上课时注意力被分散。篮球场地大致分为以下几类，具体的建设有一定的差异性。

1. 三合土篮球场地

这种类型的篮球场地向下挖掘的深度在 25 厘米左右，将挖掘的泥土取出来，对原土进行碾压，密实度达 95%以上即可，然后从下往上依次铺设三层材料：第一层铺碎砖块或片石；第二层铺设煤渣或直径 2～3 厘米的石子。在压实前两层之后，总厚度能达到 20 厘米。第三层为表面层，铺设时使用的材料主要为捣碎的沙土、黏土、熟石灰等，表面的磙压工作要不间断地进行，并且要求在一天之内完成。

这种类型的篮球场地具有弹性好、渗透性好的显著特点，在这种场地上从事篮球运动，运动损伤的发生概率会减小。这种场地对于办学条件较差的学校是非常适用的。

2. 水泥篮球场

这一类型的篮球场地向下挖掘的深度需要达到 30～36 厘米。挖掘之后，要将泥土全部取出，对原土进行充分碾压，然后进行不同层次的铺设：从下往上数，第一层主要铺设碎砖块或大片石，然后用压路机碾压；第二层为隔离层，铺设的材料主要是粗沙或筛过的小片石子；第三层的铺设材料为粗沙和水泥搅拌均匀的混凝土；第四层为面层，铺设材料为搅拌均匀的细沙和水泥。等面层稍加凝固后，还须通过多次浇水进行养护。

这一类型的篮球场的优势在于经久耐用，在保养和管理上较为便利，对于大多数办学条件较好的学校都是较为适用的。

3. 塑胶篮球场

丙烯酸面层篮球场是比较典型的塑胶篮球场地。这种篮球场的铺设材料就是丙烯酸，涂层覆盖。

这一类型的篮球场地属于硬质场地，具有弹性好、耐磨性强、色彩鲜艳的显著特点，对于各种人群的活动都是适用的。

4. 室内木地板篮球场

通常，铺设室内场地所用到的材料主要为浅色的硬质木板。在基础层将原土压实并按水泥混凝土或粗沥青铺设要求进行施工，然后铺设木龙骨，龙骨之间用细煤渣或干沙进行填充。榆木、槐木、柳枝木、水曲柳等是室内篮球场最好的木材选择。可以看出，这种场地只适用于高级室内体育馆。

三、针对学校篮球训练基地建设现状的应对措施

针对学校篮球训练基地建设的现状，要采取相应的措施，来促进其建设和进一步完善，以保证学校篮球运动的发展和篮球后备人才培养的顺利进行。

（一）领导要提高重视程度，进行长远发展规划

学校篮球训练基地的建设要遵循国家和地方的相关政策，这就要求相关部门高度重视篮球运动的发展，领导的重视程度会对篮球训练基地建设的效率及质量产生直接影响。

（二）训练教育体制要逐渐完善，保证人才输送率

学校篮球训练基地建设主要是为了高水平篮球人才的培养和输送，基地人才输送情况对于后备人才、家长和学校来说都是非常重要的。实现高水平后备人才基地的可持续发展，学校要应对的首要问题，就是训练教育体制的改进和完善，解决运动员的出路问题。

加大宣传的范围和力度，将篮球后备人才的训练目的明确下来，培养并强化篮球后备人才参与专项训练的兴趣和自觉性，与家长一起支持后备人才的篮球专项训练，使向高水平运动队输送后备人才的效率进一步提升。

（三）教练员综合能力要不断提升，保证教学训练质量

教练员的综合素养和专业能力，对篮球后备人才的培养会产生直接的影响。一般来说，年轻的篮球教练员是学校篮球训练基地未来发展的宝贵财富，他们普遍具有学历较高、可塑性大且好学上进的优点，同时也有自身的不足之处，比如，执教的时间比较短，在实践方面的经验不足等。鉴于此，基地应该采取相应的措施，来有效解决这些问题。比如，可以定期开展体育交流活动，增进教练员之间的交流和学习；可以根据实际情况，聘请训练专家来为教练员开设讲座；让经验丰富的教练员来积极带动年轻

教练员学习进步；广泛开展教练员的业务培训工作，使教练员的综合素养和专业能力得到全面的提升。

（四）在教学方式和教学内容上加以改进和优化

对于学校的篮球后备人才，在基地建设的同时也要注意文化课的开展，尤其是在教学方式上要更加完善，教学内容要简而精，并且能够满足青少年对学习知识的要求。要将后备人才的文化理论学习与篮球专项训练之间的关系处理好，使两者相互促进，共同进步。

（五）完善基地医务设施，为后备人才的健康提供保障

篮球后备人才的发展与基地建设，也会受到医务设施建设的直接影响，篮球后备人才的健康和身体机能都必须在完备的医务设施的基础上才能得以保障。这就要求学校篮球训练基地要做好专业的医务室和医务人员的配备工作，使后备人才在遭遇运动损伤或者事故后能够在最短的时间内接受专业的治疗，降低损伤造成的伤害，尽可能保证运动寿命。

需要强调的一点是，学校篮球训练基地要定期对后备人才进行体检，以对后备人才的身体健康状况进行准确把握。此外，学校篮球训练基地还要充分利用球队的自身优势，并将社会化作为未来发展的重要方向，不断拓展资金来源渠道，增加基地经费的积累，基地的各项设施也会因此而更加完善。

第四节　职业篮球俱乐部后备人才的培养

一、我国职业篮球俱乐部后备人才的现状

（一）职业篮球俱乐部后备人才的管理情况

职业篮球俱乐部后备人才的管理主要是由球队事务部实施，由经理负责，下设总教练，一、二、三线主教练和教练组成的教练员班子，具体负责球队的日常管理，属于逐级负责的管理模式（图 5-4 和图 5-5）。

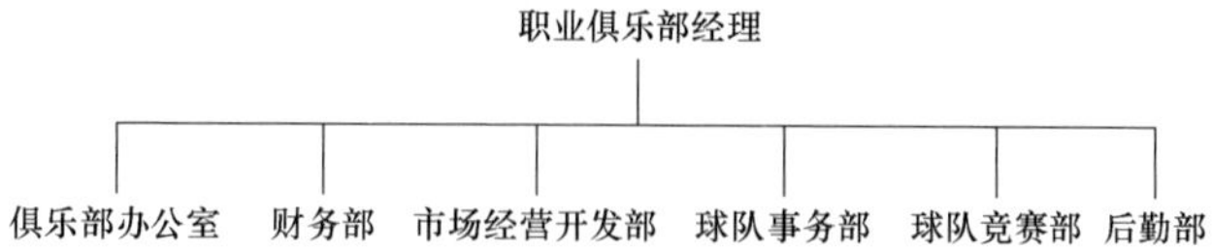

图 5-4　职业篮球俱乐部管理体系

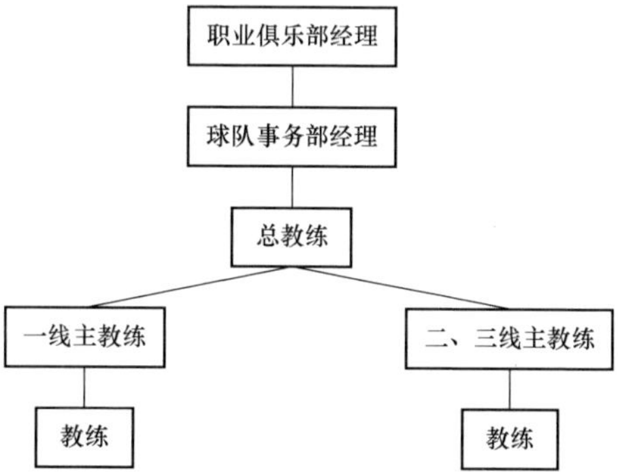

图 5-5　职业篮球俱乐部管理模式

调查发现，职业篮球俱乐部对后备人才及其队伍有比较严格的管理制度，运动员的待遇好，专业化训练程度及比赛频率高，对篮球后备人才的期望值较高，发展前景也较好，具有一定的优势。

职业篮球后备人才培养所涉及的内容主要包括：队员的选拔程序、日常训练和作息制度、队员的输送和退出制度、教练员的聘任程序和受聘后的规章制度、教练员的训练要求、队员和教练员的奖惩制度等。

（二）职业篮球俱乐部后备人才的基本情况

1. 后备人才的来源

职业篮球俱乐部后备人才的来源主要有 3 个：第一，篮球经纪人直接推荐；第二，职业篮球俱乐部在网络上发布的对篮球运动员的招募信息；第三，职业蓝球俱乐部二、三线队伍的教练员在青少年篮球比赛中发掘出的优秀人才。

2. 后备人才的训练情况

我国职业篮球俱乐部梯队采取的是长年不间断训练的方式，二、三线队伍运动员的训练安排相同。相比较来说，二、三线队伍运动员身体所承担的运动负荷较大，已经与篮球运动员成才的训练水平相差无几。

3. 后备人才参加比赛的情况

我国职业篮球俱乐部后备人才参加比赛的情况还是较为理想的，他们参与联赛的场数平均达到了 13 场；每年参加各种邀请赛的平均次数达到了 4 次，每次的比赛场数达到了 5 场；与其他队的教学赛平均次数达到了 10 次，每次平均比赛场数为 2 场。

每年 4 月和 8 月，中国篮球俱乐部青年联赛会举办，每年各种比赛的场数达到了 66 场之多，这就对后备人才运动技术水平的提高产生了激励作用。

4. 后备人才的文化学习情况

调查发现，职业篮球俱乐部对后备人才的文化学习的重视程度不够，俱乐部中绝大部分的后备人才都放弃了接受正常的文化教育，三线队伍的运动员仅有小学文化，与美国的篮球后备人才大都是大学文化水平形成了鲜明的对比。文化程度低是制约篮球后备人才成才、智力发展、职业转换等的重要因素。

5. 后备人才的输送情况

每年，能够进入更高一级的队伍的后备人才在数量上基本充足，这就使职业篮球俱乐部对梯队后备人才的可持续性培养，以及职业篮球俱乐部一线队伍对篮球人才的要求都得到较好的满足。

（三）职业篮球俱乐部后备队伍教练员的情况

关于职业篮球俱乐部后备队伍教练员的情况，主要从其聘任和执教两个方面加以分析和了解。

1. 职业篮球俱乐部后备队伍教练员的聘任

职业篮球俱乐部后备队伍教练员的来源，最主要的有两个：一个是其他教练员的介绍，这得益于对教练员的专业培养与培训，培训促进了他们之间的沟通，使信息交流比较充分，为优秀教练员的选拔提供了依据；另一个是俱乐部与知名教练员的直接联系。这种来源方式对教练员的知名度是有较高的要求的，不适合那些知名度不高的教练员。

通常，一个教练员能够被职业篮球俱乐部聘任，其应同时具备两方面的条件：必须有在高水平运动队的经历；必须具有中级以上教练员职称且从事篮球教练工作 5 年以上。这两个条件，能够保证教练员具有丰富的经验和较高的执教水平。

2. 职业篮球俱乐部后备队伍教练员的执教

对于职业篮球俱乐部后备队伍教练员来说，他们的主要目标是为俱乐部培养更多、更优秀的运动员，并使他们进入 CBA 赛场甚至国家队。教练员对训练的重视程度高于对文化理论学习的重视程度，能够根据后备人才的实际情况制订出相应的训练计划。但是，教练员同时也存在着一些欠缺，比如，大多数的教练员崇尚经验说，认为经验就是对的，就是可行的，缺乏不断创新、探索的精神，在思考问题方面较偏向于绝对化；在检验和控制后备人才的训练时，不能站在后备人才的角度上去设身处地地体会，而通常从自身经验出发来衡量，采用的教学训练设备和训练监测手段较为落后，与现代社会发展的需求不太相符。

二、职业篮球俱乐部后备人才培养的特征

职业篮球俱乐部后备人才培养所表现出的特征，可大致归纳为以下几个方面。

（一）培养主体多元化，培养形式多样化

培养主体的多元化：政府相关部门、俱乐部、高校、运动员家庭等。

培养形式的多样化：国家体育总局篮管中心举行的青少年集训；体育局日常训练比赛；俱乐部与国外俱乐部进行交流合作；在高校学习文化知识；赛季休息期到国外集训以及参与各种训练营活动等。①

（二）投资主体多元化，投资形式多样化

多元化的投资主体的投资形式也各不相同。比如，政府主管部门采取

---

① 张瑞洁. 广东宏远职业篮球俱乐部后备人才培养模式研究[C]//中国体育科学学会. 2013 年全国竞技体育科学论文报告会论文摘要集.中国体育科学学会：中国体育科学学会，2013：719–720.

的投资形式可以是场地、器材设备，也可以是基础医疗、竞赛体制等；俱乐部采取的投资形式则可以是资金、保险，也可以是就业等；高校采取的则是教育资源的投资形式；运动员家庭的投资形式主要为人力资源和情感等。

（三）政府职能与市场调节的协同配合

体育局与职业俱乐部合作，不仅保障了政府的领导执行力和市场的资金优势，还有相对先进的执教、训练、学习理念，同时还能体现其实用性和效益性，将人力资源的优势充分发挥出来，从而达到多方投资、多方受益的效果。

三、我国职业篮球俱乐部后备人才培养的影响因素

影响我国职业篮球俱乐部后备人才培养的因素是多方面的，每一个影响因素又可以进一步细分，具体可以归纳为以下几点。

（一）政策与制度因素

1. 俱乐部后备人才培养体制

我国职业篮球俱乐部后备人才培养体制的建立，是在“三级训练网”模式的基础上，结合现代运营模式建立形成的，这就能够有效弥补和改善原有竞技篮球后备人才培养体制的缺点。

广东宏远职业篮球俱乐部后备人才培养体制就是典型代表（图 5–6）。①

2. 政策支持

CBA 准入制度明确规定，俱乐部在后备人才的培养方面具有一定的义务，同时对注册球员的二线队伍和资金方面有一定的要求。这就保障了每个俱乐部都有相应的后备力量。

举国体制与职业化并不是天然的矛盾体，在培养人才方面也有结合得较好的案例。但是，在结合模式方面还没有摸索出良好的形式，希望尽快能找到一个双赢方式。

---

① 蔡美燕，支俊才，王国咏. 我国职业篮球俱乐部后备人才培养影响因素研究[J]. 山东体育学院学报，2011，27（4）：70–75.

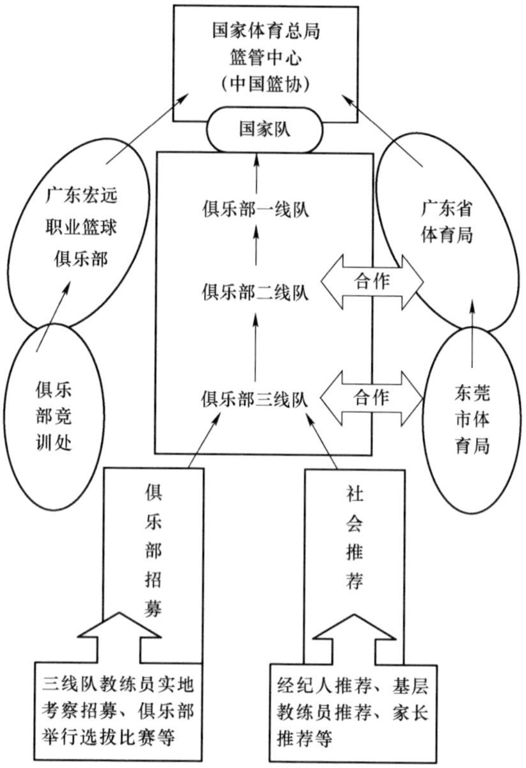

图 5–6　广东宏远职业篮球俱乐部后备人才培养体制

3. 俱乐部后备人才比赛的赛制

体育运动的主要特征就包含竞赛，具体来说，主要包括赛制形式、比赛场数和场次、竞赛方法和竞赛管理等方面，竞赛是一项运动发展的核心和杠杆。

（二）经济因素

经济基础决定上层建筑。所有事物的发展都是在一定的经济基础上进行和实现的，体育事业的发展也是如此。体育事业发展的水平越高，对经济方面的要求也就越高。不同的经济基础，造成各个地区的运动项目发展程度各不相同。比如，在经济水平较低的农村和城市某些群体中，运动员在“力量”和“耐力”等项目上比较有优势，尤其是女子运动员夺牌比例相对更高一些。

（三）教练员因素

教练员的水平在很大程度上决定着一支运动队竞技水平发展的好坏，因此，要组建高水平运动队，首先应重视对高水平教练员的选拔和培养。

现代职业篮球运动，多是由主教练负责全队的战术安排，其他教练员分工负责不同方面的训练。受美职联的影响，中职联也逐渐有了教练组的概念，但是在教练员的分工上还存在一些缺点。在我国职业篮球俱乐部中，具有一定水平的、经验丰富的专业人才，主要是由专业运动队退役的运动员组成的。

（四）科技因素

1. 科学选材

我国职业篮球俱乐部后备人才选拔所采用的选材方法是综合性的，其中，主要的是教练员经验，辅以体能、技能、心智能力测试评定。

2. 篮球运动的科研水平

在竞争激烈的社会，科技就是第一生产力，科学技术在篮球运动中的应用也越来越广泛。篮球运动持续、快速、稳定的发展，与科学技术应用价值的不断发挥与提升有着密切关系。只有平时不断地取得科研成果，才能在比赛与训练需要的时候结合实际，将一个球队的实力充分发挥出来，取得优异的成绩。

3. 训练科学化

任何运动训练都要以参与者的身心发展的规律为出发点来进行，篮球训练也是如此，应该以后备人才的训练目标与要求为依据，对运动训练开展组织工作。同时，也要进一步挖掘后备人才潜在的竞技能力，通过科学系统的训练，使其专项运动能力得到最大程度的提高，为理想运动成绩的取得奠定基础。

（五）观念因素

1. 篮球运动的社会普及程度

篮球运动在 100 多年前才传入我国，传入时间相对比较短，但是篮球运动在我国的发展形势是非常理想的，传播和普及的程度非常高，有着非常坚实的群众基础。我国拥有全世界最多的篮球人口，从农村到乡镇再到城市，热爱篮球运动的人随处可见，尤其是姚明、易建联等优秀的国内运动员进入 NBA 打球之后，更增加了群众对篮球运动的热爱程度。

2. 家长对子女从事篮球运动的态度

对于年纪较小的篮球后备人才来说，他们自身不具备独立思考和做出决定的能力，这就需要家长参与进来进行辅助。在某种程度上，父母会影响子女参与篮球训练的动机和态度，家长的影响力在竞技篮球后备人才培养上有着充分体现。通常，家长对子女参加职业篮球俱乐部的态度大都是支持的。调查发现，这些家长多是篮球运动爱好者，甚至某些家长还是省市队的退役运动员。此外，媒体宣传也在很大程度上影响着他们的态度，美职联和中职联的转播，姚明、王治郅、易建联的成功效应，也让他们看到了从事篮球运动在名誉、地位和收入方面的收获。

3. 学训矛盾的处理

我国体育训练体制具有一定的特殊性，这也就决定了其对训练的高度重视和对文化理论学习的忽视。①与 NBA 球员的高学历相比，我国篮球运动员的文化素质普遍偏低，这应引起职业篮球俱乐部高度重视并积极着手解决，努力通过走体教结合这条道路来培养后备人才。

四、我国职业篮球俱乐部后备人才培养的建议

针对我国职业篮球俱乐部后备人才培养的基本情况，为促进其可持续发展，提出以下几点建议。

（1）职业篮球俱乐部应当采取有效措施，重视和保障后备人才的文化学习，使后备人才的文化程度有所提升，为后备人才今后的发展做长远考虑。

（2）后备人才能否成才，受到教练员的执教水平的直接影响，因此，

① 蔡美燕，支俊才，王国咏. 我国职业篮球俱乐部后备人才培养影响因素研究[J]. 山东体育学院学报，2011，27（4）：70–75.

要求俱乐部在教练员的业务学习方面要进一步加强，使其能够熟练掌握和运用先进的训练手段和仪器设备，进一步提高执教能力。

（3）通常，俱乐部后备人才的训练场地多为租用。为了保证后备人才的持续发展，俱乐部应当建设用于后备人才的专门的训练场地和辅助训练设施。

第六章
青少年篮球教学体系建设与发展

篮球教学是一个大而复杂的系统，系统内包含诸多元素，如教学目标、教学内容、教学方法、教学模式、教学环境等，这些元素的发展，共同影响着整个篮球教学体系的建设。因此，要想推动篮球教学的健康发展，就要加强对各元素的研究与建设。本章重点对青少年篮球教学体系中的各要素进行细致的研究与分析，以为青少年篮球教学体系的建设提供重要的依据。

第一节　青少年篮球教学目标的设置

教学目标在青少年篮球教学中占据着重要地位，一切教学活动的开展都要围绕教学目标展开，只有确定一个科学合理的教学目标，整个篮球教学才能有的放矢，从而实现预期的教学效果。

一、设置青少年篮球教学目标的依据

任何教学活动的进行都需要一定的目标，这样才能有的放矢，保证教学质量。因此，确定一个合理的教学目标是非常重要的。需要注意的是，

教学目标的确定不是盲目的，而要有一定的依据。

（一）把握青少年的成长发育规律

对于青少年而言，他们正处于身体快速发育的时期，如果在这一时期忽视了青少年身体发育的规律和特点，不按照青少年的这些规律和特点去设置教学与训练目标，就难以获得理想的教学效果。如果能抓住青少年身体发育的几个敏感期，遵循其发育的基本规律组织教学活动，对于发展和提高其篮球运动素质、提高教学质量具有重要的作用。

在青少年时期，学生的各方面发展都非常迅速，篮球教学可以满足他们的身心发展需求。在制订篮球教学计划或目标时，一定要以学生的成长发育规律为基本依据，这样才能制订出科学合理的教学目标，从而有利于教学效果的实现。

（二）培养青少年参与篮球运动的兴趣与能力

现代篮球运动的发展非常迅速，要想跟上时代发展的步伐，获得理想的教学效果，就要革新思想观念，改革现有的教学模式，建立一个科学的、适应现代教育要求的教学体系，这样不仅能保证教学质量，还能充分激发学生学习的兴趣，培养学生自觉学习的意识和习惯，让学生掌握基本的篮球运动知识，并逐步提高自己的篮球运动水平。要在平时的教学与训练中，不断提高学生参与篮球运动的能力。

（三）促进青少年全面素质的发展

经常参加篮球运动，不仅能增强学生的体质，还能促进学生其他方面的发展，主要体现在以下几个方面。

1. 促进德育的发展

通过参加各种各样的篮球活动，学生能在一定程度上克服内在的与外在的障碍，培养和提高自己的精神意志品质，在日后生活或工作中，遇到困难和挫折时能做出合理的选择，从而实现预期的目标。

2. 促进智育的发展

篮球运动对参与者的智力也有一定的要求，要求参与者必须具备良好的判断能力和思维想象能力，经常参加这项运动，能促进学生智力的良好发展。

3. 促进美育的发展

篮球运动散发着多样的美，包括身体美、技术美等多个方面。通过参加篮球运动，学生能深刻感受到篮球运动的美，能在参加篮球运动或欣赏赛事的过程中逐步提高自己欣赏美的能力，促进自己审美意识的提高。因此，教师在确定篮球教学内容时还要充分考虑到教学内容是否有利于学生的美育教育。

二、青少年篮球教学目标的构成

（一）增强学生的身体素质

篮球运动的对抗性较强，要求参与者必须具备良好的身体素质，这些身体素质主要表现在跑、跳、投等方面，具体而言，就是要求参与者必须具备良好的力量素质、速度素质、耐力素质和弹跳素质等。因此，在制订篮球教学目标时，一定要考虑选择的教学内容是否有利于学生身体素质的发展。身体素质是篮球技战术素质的重要基础，没有一定的身体素质做基础，技战术也就无从谈起。

（二）提高学生的篮球知识与技能

篮球教学内容非常丰富，其中理论知识、技术和战术是最为重要的 3 个方面。通过篮球教学，学生能掌握基本的篮球知识，很好地提高自己的运动技能。其中，篮球理论知识是技战术能力提高的重要基础，教师或教练员只有具备丰富且扎实的篮球知识，才能以此为理论指导，使教学活动顺利开展。以上 3 个方面的教学内容存在着密切的联系，是一个不可分割的整体，在制订篮球教学目标时一定要注意这一点。

（三）培养学生的创新意识与创新能力

在篮球教学中，除了培养学生的身体素质和技战术能力外，还要培养学生的创新意识与创新能力，这也是篮球教学的一个重要目标。与一般的运动项目一样，篮球运动也属于一项具有创造性的项目，各种技战术的运用非常灵活，需要学生具备出色的应变能力，而要想具备这一能力，就要拥有良好的创新意识与创新能力。培养学生的创新意识和创新能力也是篮球教学一个非常重要的目标。

（四）促进学生的集体精神与良好意志品质的形成

篮球运动是一项集体项目，在比赛中充满了激烈的对抗，因此不仅需要参与者具备良好的身体素质，还要有顽强的意志品质和集体主义精神。

一方面，学生通过参加各种形式的篮球活动能培养自身良好的意志品质，树立团结合作的集体主义精神，这一点对于学生将来走上社会后非常重要；另一方面，学习过程也是学生各方面发展的一个过程，这一过程充满了集体主义精神的教育，对于学生的综合素质发展具有重要的意义。

三、制订青少年篮球教学目标的程序

通常来说，制订青少年篮球教学目标的程序主要有以下几个部分。

（一）充分了解教学对象

在制订篮球教学目标前，一定要充分了解教学对象的基本情况，也就是了解学生学习篮球知识和参与篮球运动的一些基本情况。学生的基本情况主要包括篮球知识、体能素质、运动基础、学习能力、学习兴趣等。教师或教练员，一定要认真分析学生的基本情况，从而制订出符合现代教学要求的篮球教学目标。

（二）分析教学内容

在了解了教学对象后，还要对教学内容进行细致的分析，分析其是否适合教学对象，是否有利于教学目标的实现。教学内容与教学目标有着极为紧密的关系，教学内容的设计要以教学目标为依据，而教学目标的实现有赖于教学内容的安排。因此，教师或教练员一定要深刻理解二者的关系，设计出合理的教学目标与教学内容。

（三）编制教学目标与任务

教学目标与任务的编制非常重要，可以说教学目标与任务是篮球教学活动的重要依据。因此编制教学任务与目标是一项非常重要的工作。篮球教学的任务与目标对篮球教学活动具有重要的指引和导向作用，一切教学活动都要围绕教学目标展开。

第二节　青少年篮球教学内容的挖掘与开发

一、篮球教学内容的内涵与特点

（一）篮球教学内容的内涵

篮球教学内容是教学活动顺利开展的重要载体，没有了教学内容，教学活动便无法开展。所以，一定要以篮球教学目标为依据，安排合理的、适合现代篮球运动发展和学生身心特点的教学内容。

我们可以从以下几个方面来理解篮球教学内容的内涵。

（1）篮球教学内容是否合理，将直接影响到教学活动的顺利进行，没有篮球教学内容，篮球教学活动便无法开展。在选择篮球教学内容时，要以教育部门规定的大纲为基础，按照一定的教育原则合理选择。

（2）篮球教学内容是教学活动的重要组成部分，是连接教师与学生的桥梁，因此选择合适的教学内容有利于师生展开沟通与交流。

（3）篮球教学内容在一定程度上制约和影响着篮球教学手段与方法的选择，因此一定要选择合适的教学内容。

（二）篮球教学内容的特点

1. 教育性特点

篮球运动是学校体育教学的一项非常重要的内容，深受学生的欢迎和喜爱。对于学生而言，篮球运动具有非常重要的教育特性，这一特性主要表现在以下几个方面。

（1）有利于学生身心的全面发展。

（2）既具有一定的挑战性和冒险性，也具有一定的安全系数。

（3）适合各个年龄段的人参与，尤其深受青少年学生的欢迎和喜爱。

（4）学校内的篮球运动在发展的过程中功利性较小。

2. 实践性特点

与一般的理论课程不同，篮球教学内容除了基本的理论知识外，还包括身体实践方面的内容，因此呈现出实践性的特点。参与者通过大量的身体练习来实现既定的教学目标。因此可以说，篮球教学内容实际上就是一种身体实践，这是体育课程所具有的特质。在具体的篮球教学中，学生不仅要学习篮球基本知识，还要在充分理解篮球教学内容的基础上，在实践中不断提高自己的篮球运动能力。

3. 健身性特点

大量的实践表明，篮球教学内容具有重要的健身性特点。青少年学生在学习的过程中，身体会承受一定强度的运动负荷，在此过程中，学生的身体素质得到逐步改善和提高。可见，健身性也是也是篮球教学内容的一大特点。

4. 娱乐性特点

篮球运动实际上是由游戏发展而来的，游戏具有明显的娱乐性特点，篮球运动自然而然地也具有这一特点。在选择与设计篮球教学内容时，一定要把握篮球运动的这一特点，尽可能地选择能充分调动学生积极性的教学内容。这些教学内容要具有一定的趣味性与娱乐性，这样才能激发学生学习篮球运动的欲望。

篮球比赛非常激烈，存在着大量的竞争、合作、表现等行为因素。通过学习篮球教学内容以及参与篮球比赛，学生能从中获得极大的乐趣，从而获得学习的成就感，激发学习篮球运动的兴趣和动力。

5. 开放性特点

篮球比赛对抗非常激烈，运动员在比赛中常会发生身体上的冲撞与对抗，在这样的情况下，运动员的临场发挥会受到一定程度的影响。一名优秀的运动员必须具备出色的心理素质与反应能力，能及时应对比赛场上发生的一切。在篮球比赛中，运动员需要根据场上形势做出及时合理的判断，采取正确的战术，这样才能获得比赛的胜利。这些都充分说明篮球运动的开放性特点。因此，在选择篮球教学内容时也要把握这一特点，注重技战术、运动锻炼、心理素质和篮球意识等多方面内容的搭配，这样设计的篮球教学内容才是合理的，符合篮球运动发展的要求。

二、篮球教学内容的构成

（一）篮球理论知识

要想获得理想的教学效果，需要加强篮球理论知识与实践活动的结合，此二者有着密切的关系，篮球理论知识为篮球实践活动提供重要的指导，而篮球实践活动则能证明篮球理论知识的科学与否。

随着我国篮球运动的不断发展，我国的篮球理论研究也取得了一定的成果，目前已初步建立了一个相对完善的篮球理论体系，涉及篮球教学、篮球训练、篮球竞赛、篮球科技等各个方面，这些研究对于我国篮球运动的持续健康发展具有深远的影响和意义。

（二）篮球技术动作

在整个篮球教学与训练体系中，技术动作占据着最重要的位置。因为篮球运动水平的提高或良好运动成绩的取得，很大程度上依赖于运动员的技术水平，技术水平较高的运动队往往能取得优异的比赛成绩。因此，在平时的教学与训练中，一定要非常重视运动员篮球技术动作的教学。对于青少年篮球运动员而言，教师要重视其技术动作的准确性和规范性，为其技术水平的提高打下良好的基础。

（三）篮球战术配合

战术也是篮球教学不可或缺的内容。随着现代篮球运动的不断发展，篮球战术体系也日益丰富，良好的战术配合和战术阵式往往能使一个篮球队占据比赛的主动权，有利于获得比赛的胜利。

在当今篮球运动高度发展的背景下，运动员的身体素质与技能水平都比较接近，各运动队之间往往没有特别明显的差距，在这样的情况下，篮球战术的选择与应用就显得至关重要。通常来说，篮球战术主要包括个人战术与集体战术两种形式。在平时的教学中，要将篮球战术作为一项重要的教学内容，教师要引导学生正确认识篮球战术的重要性，加强对学生篮球战术意识的培养，努力提升学生合理运用篮球战术的能力，这对于学生自身篮球水平的提高以及篮球运动队的发展都具有重要的意义和作用。

三、篮球教学内容的开发

（一）初中篮球教学内容的开发

初中学生正处于长身体阶段，因此设计篮球教学内容时一定要结合学生的身心发展规律和特点，设计的篮球教学内容要有一定的趣味性和娱乐性，以便充分激发学生的兴趣。

在具体的设计与开发的过程中，可以采取以下几个策略。

（1）在开发的过程中，要坚持从易到难、从简到繁、由浅入深的基本原则，注重技术练习的规范性，设计的技术动作要合理和实用，适合教学活动开展。

（2）将基本技术、简单配合等教学内容融于各种游戏和竞赛之中，让学生在愉快的教学环境下逐步提高自己的篮球技术水平。

（3）重点突出篮球项目的集体性和竞争性特点。可以根据教学的需要自定规则，引导学生积极参与各种形式的篮球活动，指导学生在篮球比赛中提高密切合作、协同作战的能力，帮助学生养成良好的团队意识。①这对于学生将来步入社会后也有重要的帮助。

（4）遵循篮球技战术与体能训练相结合、一般体能素质训练与专项体能素质训练相结合的原则。

（二）高中篮球教学内容的开发

在开发与设计高中篮球教学内容时，应采取以下几个策略。

---

① 王雷，邵荣. 中学篮球教学内容校本化开发策略探讨[J]. 运动，2011（10）：106–108.

（1）要重点考虑组合技能和基础教学的配合，注重学生在教学活动中对其的应用，逐步提高学生所做动作的准确性和熟练程度。

（2）要重点提高学生篮球技战术的运用能力。根据学生的运动基础和水平合理分组，根据教学实际情况自定规则，不断提高学生的竞技水平和协作能力。

（3）注重篮球技战术训练的健身实效，设计的篮球教学内容要有利于学生身心素质的发展。

（4）加强篮球运动文化教育。除了加强对学生的技术训练外，还要让学生深刻理解篮球运动的攻防内涵，学会欣赏篮球运动的美，提高学生的审美能力，让学生意识到学习篮球运动是一个丰富生活内涵、接受文化陶冶的过程。①

第三节　青少年篮球教学模式与方法的选择

一、青少年篮球教学模式

（一）主动性教学模式

1. 教学指导思想

篮球运动主动性教学模式的指导思想体现在以下几个方面。

（1）这一模式的运用，能有效激发青少年学习篮球运动的兴趣，培养青少年自觉参与篮球运动的能力。这非常有利于取得理想的篮球教学效果，并促进青少年的全面发展。

（2）通过这一教学模式，青少年在学习过程中能够树立良好的团结协作的集体主义精神，同时还能形成一个良好的教学氛围，有利于教学目标的实现与教学任务的完成。

① 王雷，邵荣. 中学篮球教学内容校本化开发策略探讨[J]. 运动，2011（10）：106–108.

（3）培养学生的创新意识和能力。在篮球教学中，教师要结合具体的教学实际和学校条件，设计有利于培养和提高学生创新意识的教学内容，这有利于学生的全面发展。

2. 操作程序

主动性教学模式的操作程序如图 6-1 所示。

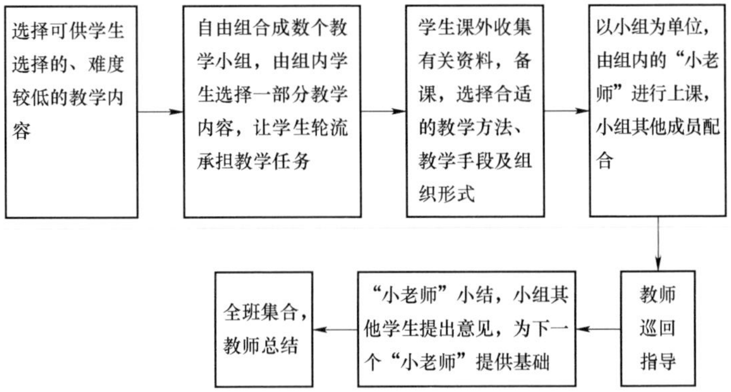

图 6-1　主动性教学模式的操作程序

（二）小群体教学模式

1. 教学指导思想

小群体教学模式在当今的篮球教学中得到了一定的应用，这一模式主要是通过个体与个体、个体与群体之间的关系及学生之间的信息交流而发生作用，学生在小群体中能获得快速成长与提高。[①]大量事实表明，小群体教学模式能培养学生良好的社会适应性，能有效提高学生的社会交往能力，这对于学生未来的发展具有重要的意义。

小群体教学模式的指导思想主要体现在以下几点。

（1）通过群体之间的互动与交流，培养学生良好的集体主义精神和高尚的道德品质。

① 冯春苗，崔红霞，孔军辉，等. 群体互动环境下的大学生内隐学习行为量化研究：以管理心理学教学为例[J]. 中医教育，2016（3）：72-75，83.

（2）这一模式倡导良好的团队氛围，在这一氛围下展开公平竞争，能培养学生良好的社会适应能力，促进学生全面素质的发展。

（3）通过小群体模式中组与组之间的对抗，激发学生对篮球运动的兴趣，从而实现篮球教学的目标。

2. 适用条件

小群体教学模式建立在教师具备一定的理论与实践水平基础上。在具体的操作中，教师要注意以下几个方面的要求。

（1）要注意那些合作能力与社会适应能力较差的学生的发展，为他们提供额外的帮助。

（2）要准备充分的教学设备与设施，只有在良好的教学条件下才能运用这一模式开展篮球教学。

（3）在教学活动中，让学生除了公平竞争外，还要注意团结协作，充分发挥集体的力量去战胜困难，并将这一精神贯彻于平时的学习和生活中，从而促进自身的成长与发展。

（三）选择式教学模式

1. 教学指导思想

选择式教学模式在当今的篮球教学中也得到了广泛的应用。这一教学模式能充分调动学生的主动性，使学生能根据自己的意愿、兴趣和爱好自由选择学习内容、掌握学习进度等，能有效激发学生学习的积极性和能动性，极大地提升篮球教学的效果。

但是，有一点需要注意，那就是学生的自由选择并不是绝对意义上的自由，而是在一定的既定标准之下的选择，有一个限定的范围，否则就容易导致无序教学的局面出现。

2. 操作程序

选择式教学模式的操作程序如图 6–2 所示。

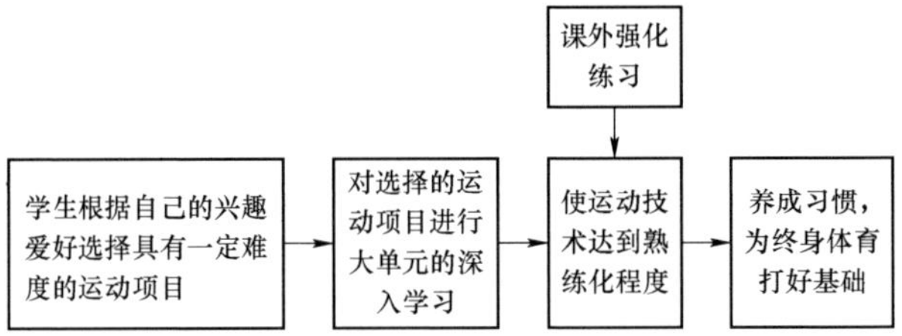

图 6-2　选择式教学模式的操作程序

（四）分层次教学模式

分层次教学模式是在传统教学模式的基础上进行改进而发展出来的一种新的教学模式。这一教学模式具有非常强的针对性，能针对不同层次的学生开展教学活动。

分层次教学模式充分贯彻了从实际出发的教学原则，有利于篮球教师的因材施教，同时还能有效激发学生学习的积极性和兴趣，建立主动学习的意识。对于身体素质好的学生而言，这一模式有利于他们在活动过程中挑战自我；对于身体素质较差的学生而言，这一模式有利于激发他们的学习兴趣，从而提高教学效果。

每一名学生都是不同的，在这一模式下，可以根据学生的兴趣爱好、运动基础、学习能力等划分 3 个教学层次，即休闲组、技能组和竞技组，按照不同层次来设计教学目标、教学方法和教学内容，有利于篮球教师因材施教。

分层次教学模式在当今篮球教学中得到了一定程度的应用。这一教学模式强调同组内相同水平学生之间展开竞争，能有效激发学生积极进取。另外，不同组间也可以相互挑战与竞争，形成良性竞争的局面。①此外，利用分层次教学这一模式，还能有效缓解一部分学生由于运动水平差异而产生的心理压力，从而充分激发他们的潜能，增强自信心。

总之，分层次教学模式非常符合现代教育的要求，有利于篮球教师因材施教，能有效激发学生的潜能，最终实现全体学生篮球运动水平的提高。

---

① 张井水. 分层分组教学法对提高公共篮球课教学效果的分析[J]. 文学教育，2016（6）：176–177.

（五）发现式教学模式

1. 教学指导思想

发现式教学模式是学生通过教师的指导，能够独立研究与分析问题，从而掌握一些相关的原理和理论的一种教学模式。

发现式教学模式充分遵循了学生的认知规律，体现了以学生为主体的教学指导思想，符合现代教育的要求。

发现式教学模式的内涵主要体现在以下几个方面。

（1）注重学生的能动性，通过这一模式的应用，能有效提升学生自主学习的能力，从而提高教学效果和质量。

（2）比较注重开发学生的学习思维与智力，促进学生综合能力的提高。

（3）主张以学生为中心设计一切教学活动，提高篮球教学的质量和效率。

（4）主张设置问题情境，让学生在良好的教学情境之中去学习和探索，从而激发学生学习的积极性和兴趣。

2. 操作程序

发现式教学模式的操作程序如图 6–3 所示。

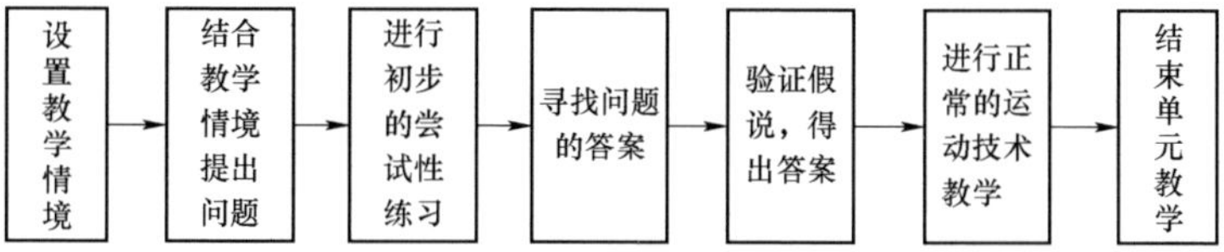

图 6–3　发现式教学模式的操作程序

（六）领会式教学模式

1. 教学指导思想

领会式教学模式有利于学生全面地了解篮球运动的内涵，了解篮球教学的基本情况、教学过程及教法体系等，这样能使学生更快获得成功的经验，从而促进教学质量的提高。领会式教学模式的指导思想主要包括以下几个方面。

（1）比较重视技术动作的学习与掌握，强调学生要反复练习各种技术动作直至熟练掌握。

（2）强调学生的主动学习意识，努力提高学生自觉学习的意识并使其养成习惯。

（3）这一教学模式主要采用完整教学—分解教学的教学程序。

（4）强调利用篮球比赛激发学生对篮球运动的兴趣，从而提高教学质量。

2. 操作程序

领会式教学模式的操作程序如图 6–4 所示。

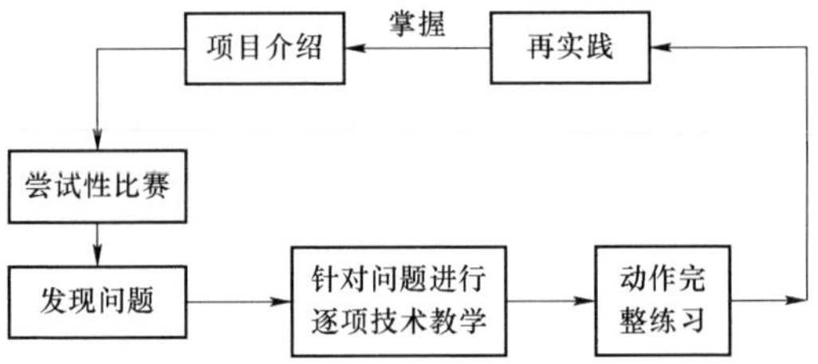

图 6–4　领会式教学模式的操作程序

二、青少年篮球教学方法

（一）常规教学方法

1. 讲解法

讲解法是指让学生通过听来感知教学内容，教师采用简练准确的语言来分析教学内容的方法。这一教学方法在体育教学中非常常用。教师在教学过程中主要讲解技战术的方法和要领以及注意事项等内容。

在具体的篮球教学活动中，教师要注意掌握好讲解的时机，了解学生的实际学习情况，进行有针对性的讲解。

2. 演示法

随着现代科技手段的不断发展，演示法在当今的篮球教学中得到了广泛的应用，如投影、幻灯、视频等电化媒体手段，都是能帮助学生直观感知教学内容的方法，能有效提升教学质量。

3. 练习法

练习法在篮球实践教学中最为常用，只有通过具体的身体练习，学生才能切实掌握学到的篮球技术动作，从而提高自己的运动水平。练习法的形式有很多，如分解练习、完整练习等。在练习的过程中，学生要结合自身的特点及运动基础合理选择。教师利用这一方法进行教学时，要结合具体的教学实际和学生的特点，设计好练习的强度，安排合理的运动量，以求取得理想的教学效果。

4. 纠错法

在篮球教学活动中，学生会出现一些错误的技术动作，这是不可避免的。在学生出现各种错误时，教师要给予必要的指导，纠正其错误，这就是纠错法。纠错法在篮球实践教学中也得到了广泛的应用。

总之，在当今篮球教学中，教学方法越来越多样和丰富，篮球教师在教学活动中要做到相互配合使用这些方法，从而实现教学方法的整体功能，促进教学质量的提高。

（二）现代教学方法

1. 目标分类法

目标分类法是指依据一定的教学目标与实际，将教材内容分解成不同层次，然后组织与开展教学活动的方法。这一教学方法经实践证明是一种比较合理的方法，可以在篮球教学中推广与实施。

目标分类法强调依据相应的教学目标制订评价标准，整个评价标准体系包括过程中评价、形成性评价和终结性评价三个部分，要将这三个部分结合起来进行评价。

以上三个部分的评价一定要客观和准确，这样教师就能充分了解学生的学习情况，有利于分层次地实现教学目标，从而促进学生全面素质的发展。

2. 指导发现法

一般来说，指导发现法主要包括教师的指导和学生的发现两个方面。这一教学方法在篮球教学中得到了广泛的应用，非常有利于教学质量的提高。

利用指导发现法，教师能根据具体的教学实际选择和改造篮球教材内容，以提高学生自行解决问题的能力，同时还可以向学生提供大量的直观感知材料，激发学生学习的兴趣。学生通过课前预习能发现各种问题，带着遇到的问题到课堂上寻找解决方案，教师在教学过程中给予学生必要的指导，这样能有效地提高教学质量。

3. 案例教学法

在篮球教学中，案例教学法主要应用于篮球运动的战术配合教学。通过这一教学方法，学生能够看到生动形象的教学比赛案例，在学习过程中，学生能建立和形成清晰的技术动作表象和技战术概念，从而有效提高自己的技战术素养。

在运用案例教学法时，教师一定要结合具体的教学实际和学生的学习水平选择合适的教学案例，这样才有利于教学质量的提高。这一教学方法值得提倡和推广。

4. 程序教学法

程序教学法是指以认知规律和技能形成的规律为主要依据，将篮球技战术教学内容分解成为若干个相互联系的小步骤，然后组成一定的逻辑序列，建立一个科学的评价信息反馈系统的教学方法。这一教学方法操作起来有一定的难度，对于教师提出了很高的要求。

程序教学法主要有以下两个步骤，教师要严格按照这两个步骤组织教学活动。

第一，学生依据事先制定好的程序按部就班地展开学习，教师对学生的学习情况给予及时的纠正与评价，然后根据反馈信息做出改进。

第二，教师依据得到的反馈信息及时合理地调整教学方案，以适应教学实际。

5. 合作学习教学法

篮球教学系统非常复杂，系统内包含诸多要素，各要素之间都有着密切的联系，因此，要想保证篮球教学系统的顺利运转，就必须处理好各要素之间的关系。在篮球教学中，这些关系主要包括师生、生生之间的关系，只有彼此间做好配合，才能保证教学质量的提高。目前，合作学习教学法在篮球教学中得到了广泛的应用，取得了明显的成效。

在应用合作学习教学法时，教师要注意以下几点。

第一，依据学生的学习水平分组，学生可以在小组内自由选择合作伙伴，共同学习和进步。

第二，教师从中挖掘与培养学习骨干，学习骨干起到“小老师”的作用，带动同学进行学习。

第三，通过小组练习、小组比赛等活动，提高学生的学习水平和能力。

第四，努力营造一个良好的学习环境与氛围，切实提高学生的篮球运动水平。

第四节　青少年篮球教学环境的创设

一、篮球教学环境概述

（一）篮球教学环境的概念

营造一个良好的篮球教学环境对于教学质量的提高，以及学生学习能力的提高都具有重要的意义，因此，篮球教师一定要重视篮球教学环境的创设。篮球教学环境主要是指各种客观物质条件与教学过程中的人际关系、课堂教学气氛等所有条件的综合。[①]创造良好的教学环境需要教师具备多种素质与能力。

（二）篮球教学环境的特点

1. 客观性

篮球教学过程会涉及各种各样的要素，也因此受到各方面因素的影响，

① 贾玉科. 山东省高等体育院系教学环境的现状及对篮球教学影响的研究[D]. 北京：北京体育大学，2006.

因此说篮球教学属于一种动态的教学活动。篮球教学活动离不开一定的环境，否则教学活动就无法开展。篮球教学环境具有一定的客观性特点，这一特点是绝对的、无条件的。

2. 系统性

系统性也是篮球教学环境的一大特点。篮球教学环境比较复杂，主要包括诸多因素和子系统，其中任何一个要素或子系统发生变化，都会影响篮球教学活动的进行。

3. 群体性

在篮球教学活动中，人（教师和学生）是最为重要的要素。篮球教学环境的群体性是从人的活动角度出发的，在整个篮球教学活动中，师生以及生生之间的交流与合作无不体现出一定的群体性特点。

4. 能动性

篮球教学环境属于一个比较复杂的体系，该体系内掺杂着各种宏观与微观要素。良好的篮球教学环境并不是自发形成的，需要教师与学生发挥自身的能动性才能形成。人（师生）认识和改造世界的能动性，决定了篮球教学环境具有一定的能动性特点。

二、篮球教学环境构成分析

（一）篮球教学物质基础

物质基础是一切篮球活动开展的基础保障，如果没有了这一基础，篮球教学活动就无法顺利地进行。教学物质主要包括篮球场馆、篮球设施与设备以及各种各样的篮球器材等。相关部门一定要结合具体实际，采购充足的篮球设备与器材，加强篮球场地等基础设施建设，为篮球教学活动的顺利进行提供良好的保障。

据调查，我国很多学校的篮球基础设施建设还存在各种问题，一些学校篮球场地不足，大部分都是室外篮球场，篮球场的地面多以水泥地面为主，而室内篮球场馆就更为稀缺。室外篮球场地受气候影响较大，在雨雪天气下无法开展篮球教学活动。

在信息化背景下，学生可以通过各种网络资源来获取篮球运动发展的相关信息，从而增加自己的知识储备，但仅有很少的学校将篮球教学或体育信息放到学校网站之中。目前，多媒体在学校教学中得到了一定程度的应用，但关于篮球课程的课件却非常少，这与现代信息化教学的趋势是不相符的。

总之，目前我国很多学校的篮球教学设备和设施存在一些不足，需要今后不断改善。只有拥有雄厚的篮球教学基础，篮球教学活动才能得以顺利开展，才能取得理想的教学效果。

（二）篮球教学班级规模

班级规模是指一个班上课的学生人数，班级规模的大小在一定程度上影响着篮球教学的效果和质量。

通常情况下，参加篮球教学活动的班级，其人数都是固定的，事先也会预备相应的器材与设备。但是如果班级人数过多，这就容易导致篮球器材与设备不足，从而影响教学效率，也不利于教师的因材施教。

据调查，目前我国高校篮球普修课 20 人以下的仅占 10%，60%以上的篮球课学生人数都在 30 人以上（表 6–1），这一教学状况导致篮球教学空间非常拥挤，不利于获得理想的教学效果。

表 6–1　篮球选项课上课人数调查统计（n=10）

20 人以下		21～30 人		31～40 人		40 人以上	
频数	百分比/%	频数	百分比/%	频数	百分比/%	频数	百分比/%
1	10	3	30	4	40	2	20

（三）篮球课程教学氛围

大量的实践表明，良好的课堂教学气氛有利于教学质量的提高，因此教师要想方设法地营造一个良好的教学氛围。教学氛围主要包括师生心境、精神体验、师生互动关系等几个方面。

建立一个良好的教学气氛，对于教学成绩的提高具有非常重要的意义。

在浓厚的教学氛围下，师生以及生生之间能够建立一种和谐的人际关系，能增进师生以及生生彼此的情感交流，从而保证教学活动的有序进行。在这一良好的教学氛围下，教师与学生能产生良好的互动，学生能在学习中及时发现存在的问题并加以纠正，这样有利于取得理想的教学效果。

调查发现，在上篮球普修课的学生中，认为篮球普修课的教学气氛良好的学生和教师比例分别是 70.3%和 88%，有 66.6%的学生认为，师生有良好的互动（表 6–2）。总之，当前我国大部分学校的篮球教学气氛还是比较乐观的，学生在学习中表现出较强的求知欲。这对教学活动的开展是比较有利的。

表 6–2　篮球普修课气氛及互动效果调查

类型	很好		好		一般		差	
	人数	百分比/%	人数	百分比/%	人数	百分比/%	人数	百分比/%
学生对教学气氛的评价	101	21.8	225	48.5	126	27.2	12	2.6
教师对教学气氛的评价	13	30.9	24	57.1	5	11.9	0	0
学生对互动效果的评价	79	17.0	230	49.6	151	32.5	4	0.9

在教学课堂中，我国大部分学校的教学氛围都是比较乐观的，但是篮球教学并不仅仅课堂教学，还包括课余活动，而课余活动中的师生互动也是十分重要的。在课余活动方面，我国很多学校都存在不少问题。多数学校都比较支持课余体育活动的开展，但缺乏科学的活动计划和策略。据了解，仅有很少一些学校的体育教师能够带领与指导学生参加课余体育活动，这对于篮球教学氛围的营造是非常不利的。还有部分教师认为经常参加体育活动会影响学生学习文化课的兴趣，这种认知是不科学的。

第五节　青少年篮球教学质量提高的策略

青少年篮球教学质量的提高，无论对于学校体育教学还是青少年自身都具有非常重要的意义。因此，一定要想方设法地促进篮球教学质量的提高。笔者通过多年的实践总结，考虑可以采取以下几个策略来促进篮球教学质量的提高。

一、革新篮球教学思想

（一）促进篮球运动文化发展

文化要素在整个社会的发展中都扮演着重要的角色，因此文化在篮球运动中的重要性也不可忽视。学校的领导及教师、工作人员等，都不能忽视篮球教学活动中的文化要素，要努力提高篮球教学活动的文化性，这样有利于营造浓厚的校园篮球文化氛围，从而吸引学生积极参与篮球运动。篮球运动文化发展主要包括以下几个方面。

1. 重视篮球理论课的合理安排

调查发现，当前我国各级学校的篮球教学存在着重实践、轻理论的现象，这种状况需要引起重视。在篮球教学体系中，篮球理论扮演着十分重要的角色，它能为教学实践提供必要的理论指导，确保篮球教学实践活动的科学性。因此，加强学生的篮球理论知识教育非常重要。通过教师的课堂讲解，学生能充分了解和掌握当今篮球运动发展的动态与基本知识，提升自己的理论知识水平，这样才能培养出高素质的篮球人才。

2. 重视篮球运动育人价值的发挥

除了加强篮球理论与实践教学外，教师还要充分发挥篮球运动的育人价值。篮球比赛非常激烈，在比赛中充满了身体对抗，通过各种冲撞与对抗，学生能磨砺自己的意志，树立良好的意志品质，进而形成良好的品格。由此可见，篮球运动的育人价值能在学校教育中得到充分的发挥。

（二）培养学生的终身体育意识

通过篮球教学，还能培养学生的终身体育意识与行为习惯，学生的终身体育教育主要包括以下两个方面。

（1）人的一生都离不开运动锻炼，只有坚持长期参加体育锻炼才能实现身心全面发展的目标。

（2）体育锻炼的内容与形式有很多，人们可以根据自己的身体特点及兴趣爱好自由选择运动的内容和形式，从而提升自己的终身体育能力。

总之，在篮球教学中，篮球教师要积极引导学生树立终身体育的思想，让学生养成坚持长期参加体育锻炼的良好习惯。篮球运动富有较强的趣味性和娱乐性，能极大地激发学生参与的兴趣，这对于培养学生的终身体育意识是一种有效的手段，因此在平时的篮球教学中，教师要充分利用好这一手段。

（三）促进健康生活方式的培养

当今社会已进入信息化和网络化时代，大部分学生都配备了手机和电脑，一些学生的自制力较差，会花费很大一部分时间和精力玩手机和电脑，这在一定程度上影响着学习效率。此外，长时间看手机和电脑也会造成学生的视力严重下降，严重危害到学生的身心健康。

信息化时代既给人们带来了实惠和便利，也带来了一定的负面影响，因此亟须一种科学的方式来改善这一局面。大量事实表明，体育锻炼就是这样一种很好的方式。篮球运动作为一种非常流行的运动项目，对人体身心发展的促进功能逐渐被学生所认识、所接受。在篮球课程教学中，教师要营造一个融洽的教学氛围，鼓励学生积极参与体育锻炼，帮助学生养成健康的生活方式和行为习惯，这样才能促使学生健康成长。

二、对篮球课程教学目标和功能进行完善

（一）树立正确的篮球课程教学目标

影响学生学习水平或者学习成绩的因素不外乎有两个，即智力因素和

非智力因素。一般来说，智力因素受到管理者和教师的普遍重视，而非智力因素一般没有引起人们的足够注意，这是一种错误的认知。教师在篮球教学中不仅要培养学生的基本知识与技能，还要注重篮球课程中道德品质教育、美育等内容的教学。

据调查，我国学校一般都比较重视学生德智体美的发展，而比较缺乏对学生的个性化及独立能力的培养。因此，在平时的篮球教学中，教师要改变旧有的思想观念，采用先进的教学手段与方法，贯彻先进的教学理念，不断完善教学内容，努力实现篮球教学目标。

（二）重视篮球运动教育功能的发挥

篮球运动具有重要的教育功能。篮球教学活动使学生在丰富了自身篮球知识与技能的同时，还增强了与人交往的能力，极大地提升了自身的综合素质。如今篮球运动的教育功能得到了越来越多人的认可，这是一个非常好的现象。

目前，篮球运动的教育功能在各个方面都得了深刻的体现。通过篮球课程，学生能形成顽强拼搏、积极进取的意志品质，养成团结协作的集体主义精神，这些都是篮球教育功能的体现。总之，篮球教师在具体的教学中要十分重视篮球运动的教育功能，以篮球教学活动为载体，不断促进学生的全面发展。

三、注重理论与实践的结合，促进教学形式多样化

（一）更加重视理论与实践的结合

当前，很多高科技手段在社会各个领域得到了广泛的应用，在篮球教学中也是如此。在科学技术发展的背景下，传统的篮球教学体系已难以适应现代社会及现代教育发展的要求，因此，篮球教学理念、篮球技战术训练体系、篮球训练手段等方面都需要改进与革新，这从客观上推动了篮球教学的发展。

当前，篮球教学理论体系不断丰富，竞赛制度和规则也更加完善，这使得整个篮球理论与实践体系都处于变革之中。在这样的背景下，学校篮

球教学也顺应时代的发展，做出了积极的改变，这对于学生篮球运动水平的提高具有重要的意义。篮球教学的目的主要有两个：一是科学地指导篮球课程教学实践；二是对篮球课程教学实践做出全面总结。

要促进篮球教学的发展，必须同等重视篮球理论与实践的研究，这样才有利于组织与管理整个篮球课程教学活动。这就要求我们要将篮球课程教学的理论研究和实践研究进行充分结合，进一步强化理论研究的力度和成效。

（二）篮球运动形式的多样化

篮球比赛中充满了激烈的身体对抗，只有具有较强的竞争意识才能以饱满的热情参与到这项运动之中。篮球运动的这一特点也深深吸引着广大的青少年，篮球运动因此成为他们热衷于参加的体育运动之一，成为一种增强学生体质、促进学生全面发展的重要手段。在平时的生活中、在校园的各个角落都能看到学生参与篮球运动的身影，这对学生树立终身体育的理念有着重要的意义。

篮球运动内容丰富多彩，同时也包括各种各样的形式，如由五人制篮球演变而来的三对三、四对四等比赛形式受到学生的喜爱，同时一些独有趣味性的篮球游戏也极大地丰富了学生的精神文化生活，可以说成了其重要的业余生活内容之一。

（三）促进学校篮球俱乐部的发展

在现代教育日益发展的背景下，亟须一种创新的形式来激发学生参与体育锻炼的兴趣，进一步提升学生终身体育的意识与习惯。在这样的形势下，校园体育俱乐部就应运而生了。

学生可以依据自己的特点、兴趣与爱好自由加入校园体育俱乐部，从而实现自己的个性化体育需求。目前，我国有很多学校都建立了篮球俱乐部，俱乐部内的篮球设施与装备一般都比较齐全，能充分满足学生参加篮球活动的需要。通过定期与不定期地参加篮球俱乐部的各种活动，学生不仅能促进自身的全面发展，还促进了篮球课程教学目标的实现。由此可见，校园篮球俱乐部的建立是一件一举多得的事情，值得推广。

四、完善教学管理制度，优化教学环境

（一）建立一个健全的篮球教学管理制度

要想进一步提高我国学校篮球教学的质量，还需要建立一个健全和完善的篮球教学管理制度。要与时俱进，革新思想，积极引进国外先进的教学管理理念，不断优化篮球课程教学的进程，充分借鉴篮球强国的先进教学训练、管理经验。

大量的事实表明，先进的管理理念对于篮球人才的培养具有非常重要的作用，主要体现在以下几个方面。

（1）能突破旧有的管理模式，树立良好的体育教学管理理念；能形成良好的师生互动教学的关系，促使体育教师和学生积极地投入教学关系。

（2）能有效处理篮球教学管理与训练管理之间的矛盾，增进学生与教师之间的沟通与交流，促进教学管理水平的提高。

（3）学校篮球课程教学部门与其他教学部门加强合作，沟通与交流教学过程中的经验与教训，获得共同发展。

（二）加大篮球课程教学资金的投入

调查发现，经费不足是当前我国学校篮球课程教学所面临的一个问题，突出表现在篮球教学、篮球场地建设和篮球科研等几个方面，经费难以满足篮球教学与训练的实际需求。因此，学校相关部门要加大对篮球器材和场地等的投入。此外，我国有很多学校的领导受升学及就业压力的影响，在一定程度上忽视了篮球教学，没有给予篮球教学必要的资金与人力支持，这就导致学校篮球教学在场馆、设备与设施、教师队伍方面都存在着不少问题，影响着学校篮球教学的发展。可见，要想促进我国学校篮球运动的发展，一定要加大经费的投入力度，加强篮球运动硬件与软件基础的建设，为篮球教学做好必要的保障。

加大篮球教学资金的投入需要注意以下几个方面。

第一，转变以往只依赖教育、体育部门投资的现状，寻求社会力量对学校进行赞助。

第二，政府部门要出台有利于学校体育教育发展的支持政策。

第三，学校教育相关部门要积极拓宽资金渠道，投入更多的资金加强篮球教学、篮球运动训练和篮球科研建设。

五、加强篮球教师队伍的建设

教师在篮球教学中占主导地位，担负着组织和指导教学活动顺利开展的责任。因此，为提高教学质量，篮球教师必须不断完善自己，促进自己在专业素质、教学水平等方面的发展和提高。学校要充分挖掘与培养篮球人才，提高篮球教师的综合素养，建设一支高水平的篮球教师队伍。

要保证篮球教学的质量，提高篮球教师的综合素质是一件必须重视的事情。一名优秀的篮球教师，仅仅具备出色的篮球技术是远远不够的，还需要具备扎实的篮球理论知识、较强的语言表达能力、出色的设计篮球教学方案的能力、组织与管理篮球课堂教学活动的能力以及篮球科研能力等，只有这样才能保证篮球教学活动的有序开展。此外，篮球教师也要不断完善自己的知识结构体系，提高自己的认知水平，这样才不会落伍，不会被时代所抛弃。总之，只有不断提高篮球教师的综合素质与教学水平，建立一支和谐的、高水平的教师队伍，才能保证理想的教学效果。

六、构建科学的篮球教学评价体系

教学评价是篮球教学体系中必不可少的内容。一个良好的教学评价体系能为教师提供客观而准确的教学反馈信息，从而帮助教师及时调整教学方案，保证教学活动的顺利开展。教学评价是为教学目标服务的，在开展篮球教学评价活动时，要把握科学性原则，做到过程评价与结构评价的统一。另外，影响篮球教学活动开展的因素是多样的，这就需要教学评价必须保持动态性，要能体现篮球教学发展的规律和实际。

目前，我国很多学校的篮球教学评价体系还存在各种各样的问题，没有建立一个健全和完善的评价体系，需要今后不断完善。构建一个科学的篮球教学评价体系，除了要加强对与篮球教学评价体系相关项目的研究外，还要积极革新评价手段，将家长的评价引入篮球教学评价体系，促进教学评价主体的多元化，加强教师、学生、家长之间的互动与交流，这样才能构建一个科学的篮球教学评价体系。

第七章
青少年篮球运动训练体系建设与发展

青少年篮球运动的发展，与其训练体系的建设与发展有着非常密切的联系。篮球运动作为一项竞技性特点十分突出的运动项目，运动员专项技能的发展必须通过科学的训练才能实现。因此，对青少年篮球训练体系的建设与发展进行分析和研究是非常必要的。本章主要对青少年篮球运动训练的制约和影响因素、训练方法的选择、训练模式的设计以及训练质量的提高几个方面进行分析和探究，希望能对青少年篮球运动训练体系有一个较全面的了解与认识，也为具体的训练实践奠定坚实的认知基础。

第一节　制约和影响青少年篮球运动训练的因素分析

青少年篮球运动训练，本身就是一个较为复杂的过程，其中涉及的因素也较多。通过分析，可以将制约和影响青少年篮球运动训练的因素大致归纳为训练因素、教学因素、教育因素、比赛因素、信息因素、组织管理因素和卫生保健因素等，具体如表 7−1 所示①。

---

① 体育院校成人教育协作组《运动训练学》教材编写组. 运动训练学[M]. 北京：人民体育出版社，1999：34.

表 7–1　运动训练的基本因素及其功能与表现

因素类别	主要功能	具体表现
训练因素	发展体能	提高体质、素质、机能、形态
教学因素	发展技能、智能	提高知识水平 提高实践能力、独立训练能力和比赛能力等
教育因素	加强思想作风建设和心理素质建设	在政治思想、道德作风、意志品质方面得到加强 心理素质和自控能力等方面要有所提高
比赛因素	提高比赛能力	比赛的相关经验有所丰富、应变能力有所提高 正常或超常发挥专项水平 做好自我激励
信息因素	信息保证	运动员信息 多学科综合信息 信息、情报系统的建立 训练理论建设信息等
组织管理因素	组织管理、后勤保障	训练体制改革 运动队建设与管理 人才的选拔、培养、输送和合理流动 财、物的管理等
卫生保健因素	增进健康、恢复与激发体力	伙食、营养、药物与身体恢复 卫生保健、伤病治疗和生活管理等

从表 7–1 可以看出，制约和影响青少年篮球运动训练的因素是多方面的。此外，还有一些因素会影响青少年篮球运动训练，下面对其中的几个典型因素加以分析。

一、青少年的自身因素

青少年在青少年篮球训练体系建设与发展中是处于主体地位的，其自身的因素是最主要的影响因素，需要重点关注。青少年自身的因素主要包括以下几个方面。

（一）身体素质

身体素质是从事任何体育运动的基础性能力，对于青少年来说也是如此。要参与到篮球运动训练中，青少年自身就必须具备良好的身体素质。通常，青少年的身体形态、身体机能、运动素质等因素都会影响到其身体素质的发展。

青少年的运动能力与其身体素质的发展之间的关系也是非常密切的。篮球运动对青少年的形体发展有着非常严格的要求，这一点在选材中十分突出，身体素质会影响到青少年的篮球运动训练潜力的发展。

（二）身体条件

对于青少年篮球运动训练来说，青少年的身体条件是重要的基础条件之一。一般来说，身体条件的决定性因素也有多个方面，比如生理特点、身体健康状况、身体形态以及伤病情况等。

（1）生理特点。青少年具有特殊的的生理特点，这就会对他们的篮球运动训练产生不同的影响。尤其是对于女生而言，其运动量、负荷、强度、内容、手段和方法等都具有一定的特殊性，这种特殊性与其生理特点有着密切关系，对于女生在月经期的训练更要特别重视。

（2）身体健康状况。青少年要参与到篮球运动训练中，并承受大运动量和高运动负荷，须在良好的身体健康状况的基础上实现。

（3）身体形态。青少年正处于身体发育的高峰阶段，身体形态会因为年龄的增长而发生一定的改变，因此，篮球运动训练要与青少年的年龄特点相适应。

（4）伤病情况。青少年在篮球运动训练中所产生的伤病会影响到其后面的训练活动，严重情况下，除了会导致青少年不能参加正常训练外，还有可能使其提前结束运动生涯。

（三）心理素质

青少年的心理素质，包含两个方面的内容：一是与篮球运动训练和竞赛有关的个性心理特征；二是以篮球运动训练和竞赛的需要为依据，把握和调整心理活动的能力。

在篮球运动训练过程中，心理素质的作用是非常明显的。良好的心理能力对于篮球运动训练效果的提升是有帮助的，这可以从以下几个方面体现。

（1）稳定的心理状态。青少年的心理状态能够将青少年当前的心理活动特点和状况充分反映出来，会对篮球运动训练效果产生直接的影响，对青少年的训练活动、形成赛前最佳竞技状态、在比赛中发挥出最高水平等也会产生一定的影响。

（2）自信心。自信心是从事任何活动都必须具备的重要心理素质。对于青少年来说，他们在篮球运动训练和比赛中动作的完成都是需要自信心的。

（3）心理调控能力。青少年自我意识的发展成熟与否，是可以通过其心理调控能力来衡量的。这里所说的青少年的心理调控指的主要是自我意识的控制。

（四）运动智能

运动智能在运动员的总体竞技能力中是处于重要地位的，所涉及的内容主要有两部分：一部分为多学科知识，另一部分为运动训练和运动比赛的能力。

运动智能的形成并不是凭空而来的，而是以一般智能为基础。较高的运动智能对于青少年对篮球运动专项竞技特点和规律的把握、训练理论和训练方法的认识和体验、先进的运动技术的理解、运动技巧的掌握都会产生积极的影响。

二、教练员因素

青少年篮球运动训练离不开教练员的指导，因此，教练员的因素也是重要方面。教练员因素主要包括自身条件、理论知识、专业素养和创新意识等方面。

（一）自身条件

教练员的自身条件会在很大程度上影响到青少年的篮球运动训练，这种影响可以是直接的，也可以是潜移默化的。教练员的自身条件主要包括教练员的年龄、性别、性格、健康状况等。这些因素在青少年篮球运动训练中会产生一定的影响，这些影响会在与青少年的沟通、对青少年积极性的启发和调动、对各种社会力量的借用等方面都有所体现。

（二）理论知识

青少年篮球运动训练的过程还会受到教练员对篮球理论知识的掌握系统、全面与否的影响。教练员需要掌握的篮球理论知识涉及范围也较为广泛，比如，篮球运动训练基本理论知识、社会学科知识以及篮球思维科学知识和工具学科知识等。

（三）专业素养

篮球教练员需要具备的专业素养涉及的面很广泛，可以大致归纳为三个方面：一是专业知识，二是专业技术水平，三是训练经验。

从当前的情况看，我国的青少年篮球教练员大多是刚刚毕业的大学生，在实践经历和带队经验方面都较为欠缺，这就大大制约了青少年篮球运动训练的开展。因此，要将教练员执教水平的提高作为关注的重要方面，加大对教练员的培养力度，使其综合素养和专业水平都能有较快的提高。

（四）创新意识

对于教练员来说，其在篮球运动训练中的言行举止都会对学生产生直接影响，同时，也会影响训练的效果，因此，培养和提高篮球教练员的创新意识也是重要方面。

一个具有丰富想象力、创造性和活跃思维的篮球教练员，能够在难度动作和训练方法诸方面都能有所创新，这会积极推动青少年篮球运动训练的进一步发展与提升。

三、专项训练因素

（一）训练的理论指导

我国关于篮球运动训练的研究已经比较多了，但是从总体上看，研究的完善程度还远远不够，仍然有一些问题亟须解决，比如，研究的广度和深度不够，涉及的理论层面不够广泛，研究方法的创新性较为缺乏，研究内容的针对性较差，与训练内容、方法、计划与管理等不相适应。

不管是篮球运动，还是其他运动项目，运动队要想取得理想的比赛成绩，都必须通过科学训练才能得以实现。但是，调查发现，我国大多数篮球运动队在训练中比较缺乏科学的训练计划。究其原因，一个重要的方面是教练员对训练计划未能引起高度重视，由此导致了训练的盲目性。这就要求有针对性地改善这些情况，从而对青少年篮球运动训练的进一步发展起到促进作用。

（二）训练的系统性安排

青少年进行篮球专项训练主要是为了能在篮球竞赛中取得优异成绩。调查发现，在青少年篮球运动训练中，一些运动队通常都是在得到有关比赛的消息后才开始针对青少年的专项技术进行训练的。然而，突发性的训练又会出现各种问题。比如，训练的时间不够，训练内容的时间分配不合理，青少年的专项身体素质训练得到的重视程度不够等。

可见，我国青少年篮球运动训练目前还处于发展时期，还不够成熟，需要进一步的发展和完善。对于很多运动队来说，他们进行训练是为了参加比赛，这种片面性的认识导致我国青少年篮球运动训练缺乏系统性和连续性，不利于我国篮球后备人才的培养。

四、体制模式因素

所有的体育运动项目，都是在一定的体制和模式下开展的，青少年篮球运动训练也不例外。

（一）篮球运动管理体制政策

在很长时间内，我国处于应试教育的模式下，这导致社会和家长对孩子的期望都集中在学习成绩上，而忽略了体育运动的重要性。青少年篮球运动训练在政策法规方面较为缺乏支持；同时，在青少年篮球运动训练的评价体系方面，整体上的科学性以及可行性、针对性都还值得进一步商榷。

尽管对于大部分青少年来说，他们渴望参与篮球运动训练，希望自身的身体素质能够不断提高，但是，这种渴望与希望往往会受制于各种支持和评价机制的欠缺，从而也限制了他们训练效果的进一步提升。

（二）篮球运动市场体制训练模式

当前，我国青少年与篮球运动之间的关系越来越密切，距离不断拉近，这主要得益于国内外篮球赛事的不断举办与推进。由于我国篮球运动产生和发展的时间还相对较短，篮球运动市场体制训练模式还不够完善，科学、系统的体系还没有真正建立起来。同时，青少年篮球运动训练也缺乏相关政策法规的支持，教练员的资质也得不到保证，篮球训练场馆和设备方面仍有待完善，导致青少年篮球运动训练的科学性、系统性和持续性无法得到有效保障。此外，大部分训练机构规模较小，不能充分满足青少年篮球运动训练需求，再加上完善的中长期训练计划的缺乏等①，这些问题都会对我国青少年篮球运动训练的开展产生制约作用。

五、社会环境因素

青少年属于社会人的范畴，而篮球运动是在社会环境中进行的，因此社会环境因素会对青少年篮球运动训练产生重要影响。具体的影响因素包含以下两个方面。

（一）领导的重视程度

领导的重视程度，往往会在很大程度上决定着篮球运动的开展情况。领导所扮演的通常是决策者的角色，如果他们能够高度重视青少年篮球运动的发展，就会通过认真听取教练员和运动员的建议和意见，积极组织有关部门参与到训练与比赛工作之中，妥善解决训练与比赛中遇到的各种难题，促进青少年篮球运动的进一步发展。但目前的实际情况是，我国现有的各级青少年篮球训练队的训练条件都不太理想，存在着各种各样的问题，

① 吉孟卓，杨锃锟，周胜杰. 影响我国高职院校篮球训练的因素分析[J]. 才智，2014（2）：169.

比如，篮球运动的场地器材年久失修，无法较好地为青少年提供相关的训练服务；教练员的福利保障不理想，使教练员无法全身心地投入工作；专项资金较少，无法满足实际的训练需求等。针对这些问题，相关部门的领导要提高对青少年篮球运动训练的重视程度，在职能范围内加强这些方面的改善，充分发挥积极作用，从而使上述问题得到妥善解决。

（二）场地设施

篮球运动是一个对场地设施有较高要求的运动项目，因此，保障篮球运动训练的客观物质条件是非常重要的，否则会对青少年篮球运动训练产生制约作用。对于青少年篮球运动训练来说，好的场地设施能使他们整个训练过程都不受外界环境的影响和干扰，有助于青少年全身心地投入篮球运动训练、保证训练的安全性以及取得理想的训练成绩。

第二节　青少年篮球运动训练方法的选择

青少年篮球运动训练方法有很多种类，可以根据不同的情况和需要来加以选择。这里主要从整体控制方法和具体操作方法上来加以说明。

一、青少年篮球运动训练的整体控制方法

青少年篮球运动训练的整体控制方法主要有以下两种。

（一）模式训练法

模式训练法本身是一种调控性方法，是按照具有高度代表性的规范式目标模型的要求，将相应的训练模式建立起来，并以该模式为依据，将运动训练的不同特征、各个部分的组织安排形式确定下来，从而达到合理组织和控制训练过程的目的。

通常，模式训练法的构成要素有 4 个方面，即目标模型、检查手段、评定标准和训练方法（表 7–2）。

表 7-2　模式训练法的构成要素及作用

构成要素	作用
目标模型	能够明确未来运动训练过程目标发展的指标体系
检查手段	作为重要工作，用于对运动训练现实状态信息的采集
评定标准	通过各种不同评定标准的应用，达到有效甄别现实状态与训练模式间差异性质和程度的目的
训练方法	为具有特定意义的练习方法，其不仅与训练模式的发展目标相适应，还与评定结果反馈信息相符

模式训练法本身具有显著特点，主要表现为两个方面：一方面是信息化特点；另一方面是定量化特点。

模式训练法的应用过程可以被看作一种闭环式的运行过程（图 7-1）。

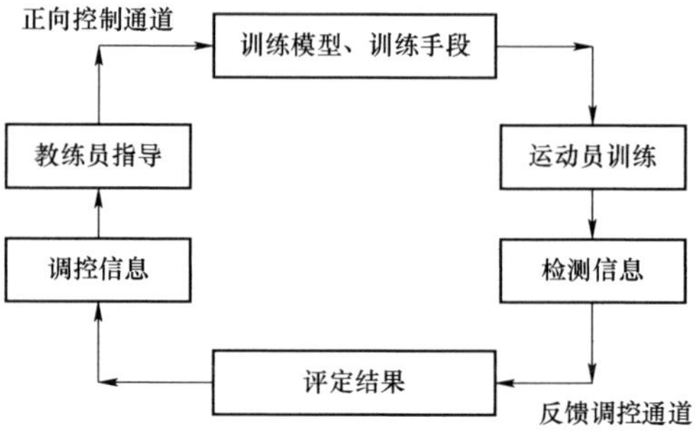

图 7-1　模式训练法的应用过程

（二）程序训练法

程序训练法实际上是科学控制训练过程及其实施的一种方法。这种方法的确定依据有两个方面：一是训练过程的时序性，二是训练内容的系统性。具体的操作流程为，将多项训练内容按照特定的逻辑或者顺序编制成训练程序，还要参照预定程序组织训练活动。

程序训练法的构成要素有 4 个：训练程序（训练内容、时间序列和联系形式）、检查手段、评定标准和训练方法。每一构件又由不同的要素组成（表 7-3）。

表 7–3　训练程序与检查手段的构成要素[①]

构件	构成要素
训练程序	训练内容： 总体：体能、技术、战术等 分支：各方面具体技术 单元化：步伐等的具体分析
	时间序列： 训练单位时间内排序与衔接，使训练内容通过时间序列有机相连
	联系形式： 指不同训练内容之间的衔接方式
检查手段	检查项目： 机能、技能、素质、技术、战术、心理、智力等
	检查方式： 涉及多方面因素，比如群体、个体、环境等
	检查工具： 电测、机测、光测、磁测、化测等

程序训练法也具有自身的显著特点，主要表现在 3 个方面：系统化特点、定性化特点、程序化特点。其中，程序化特点是指在训练程序之中有步骤、有计划地完成训练内容。

程序训练法的应用过程，与模式训练法一样，都是一种闭环式的过程（图 7–2）。

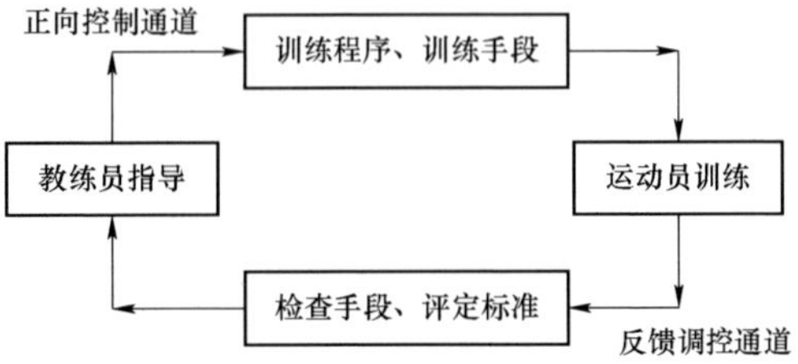

图 7–2　程序训练法的应用过程

① 曹青军. 运动训练理论与实践[M]. 北京：北京理工大学出版社，2012.

通过对模式训练法与程序训练法的分析可以得知，这两者既有一定的相同之处，也存在不同点。模式训练法与程序训练法的比较见表 7–4。

表 7–4　模式训练法与程序训练法比较

训练方法	相同点	不同点
模式训练法	检查手段、评定标准及训练方法等构件的组成特点及具体功能相同	控制依据为训练内容和原则
程序训练法		控制依据为训练程序

二、青少年篮球运动训练的具体操作方法

（一）持续训练法

持续训练法，就是指在相对较长的时间里进行的比较稳定的练习方法。这种练习方法的显著特点是强度较小、训练连续。

持续训练法的适用范围主要为周期性项目，对于参与者的一般耐力具有很好的提高效果。在周期性耐力项目中，参与者以固定的速率进行较大强度的持续练习，能使专项耐力得到显著提高。将持续训练法应用于非周期性项目中，对于学习、掌握、巩固提高技术也是非常有帮助的。此外，准备期和休整期的一般训练，通常也会用到持续训练法。

持续训练法具有练习时间较长、一次练习的负荷量较大的特点，这就决定了其负荷强度是比较小的，以个人最大强度的 60%左右为宜。在这一训练方法下，训练者获得的训练效应会有所延缓，但是训练效应的稳定性较强（图 7–3）。

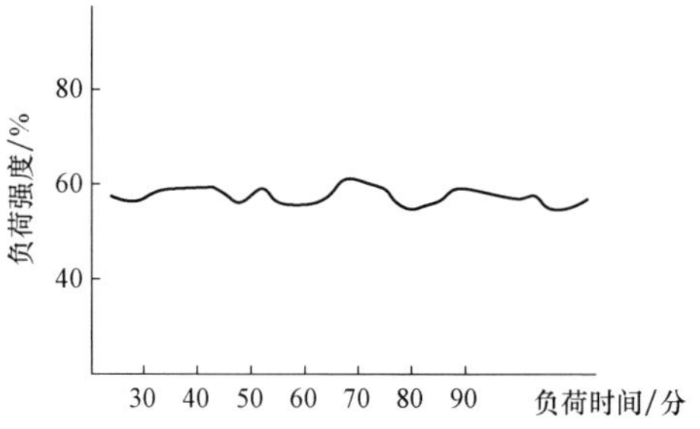

图 7–3　持续训练法

采用持续训练法进行大于 30 分钟的不间断跑，心率保持在 130～160 次/分钟，对于训练者心肺功能和有氧能力的提高是非常有效果的。

以不同的持续时间为依据，可以将持续训练法分为 3 种类型，即短时持续训练、中时持续训练、长时持续训练。每一种类型都有其特点(表 7–5)。

表 7–5　持续训练法基本类型和特点

基本类型	短时持续训练法	中时持续训练法	长时持续训练法
负荷时间/分	5～10	10～30	30 以上
心率强度/（次/分）	170 左右	160 左右	150 左右
间歇时间	无或较短	无或较短	无
动作结构	基本稳定	基本稳定	基本稳定
有氧强度	最大	最大	次最大
供能形式	有氧代谢系统供能为主	有氧代谢系统供能为主	有氧代谢供能
负荷性质	速度耐力、力量耐力	速度耐力	一般耐力

（二）重复训练法

应用重复训练法时，首先要确定一个重要的前提条件，就是动作结构和运动负荷数据都是保持不变的，在此基础上，按照运动要求，反复进行多次练习。要注意保证各次练习间隔的时间要充分，通常以能使机体基本恢复为参照标准。

重复训练法对于周期性和非周期性各类运动项目的训练都是适用的，不管是对于基础性的身体素质训练，还是专项技战术训练，都是被广泛应用的一种主要训练方法。

重复训练法的核心构成要素有 5 个方面：段落长度、跑动速度、重复次数、间歇时间、休息方式。

在青少年篮球运动训练中运用重复训练法，有以下几点要注意。

第一，要保证每次重复练习之间的休息时间是充分的，即待机体达到基本恢复才能开始下一组训练，具体标准为心率恢复到 120～140 次/分。通常，休息时间为练习时间的 2～3 倍。

第二，要以青少年本人所能承担的最大强度为依据，来确定每次练习的负荷强度，以接近或达到比赛的强度为宜。

第三，重复训练法在训练中多次重复几个固定的段落，训练段落与比赛段落并不要求必须是相同的，短于、等于或者稍长于比赛段落皆可，练习的距离以青少年篮球专项特点为依据来确定，可采用的形式也有短时、中时、长时 3 种（表 7–6）（胡亦海，1992）。

表 7–6　重复训练法的基本类型及其特点

基本类型	短时重复训练法	中时重复训练法	长时重复训练法
负荷时间	＜15 秒	＜2 分	2～5 分
负荷强度	最大	次大	较大
间歇时间	充分	充分	充分
动作结构	基本稳定	基本稳定	基本稳定
供能形式	ATP–CP 代谢系统供能为主	乳酸能为主的混合代谢供能	无氧—有氧比例均衡
负荷性质	速度素质	速度耐力	速度耐力
	爆发力素质	力量耐力	力量耐力

（三）间歇训练法

间歇训练法，指的是在一次（组）练习之后，严格按照规定的时间进行间歇，并做好积极性休息，需要在机体尚未完全恢复的情况下就进行下一次练习的训练方法。

间歇训练法在周期性项目和球类项目中的应用是非常广泛的，在青少年篮球运动训练中也有广泛的应用。这种训练方法能够使机体的机能，特别是心血管系统的机能得到提升，运动素质也会因此而得到提高和发展。

将间歇训练法应用于青少年篮球运动训练中，对于青少年的身体技能和素质水平是有积极影响的。具体来说，间歇训练法能有效增强青少年的心脏功能；通过适当调整运动负荷强度，青少年机体各机能的适应性变化可以实现与篮球专项相符；间歇训练的类型不同，能够有效发展和提高的青少年的身体机能能力也各不相同；所控制的间歇时间不同，对青少年在激烈对抗和复杂困难的比赛环境中稳定、巩固技术动作会产生不同的影响；在适度范围内提升负荷的强度，能够对青少年的心率产生较强的刺激，并由此有效提高机体的抗乳酸能力，使青少年在保持较高负荷强度的情况下具有持续运动的能力。

青少年篮球运动水平的高低，主要在于抗乳酸能力。目前最高乳酸训练主要采用间歇训练法。

在训练中，一定要注意对某一运动强度的间歇时间加以把握。在间歇时间恒定的4×400米跑的最后2次跑时，血乳酸下降，而递减休息间歇时血乳酸会升得更高（图7–4）。可以发现，尽管运动负荷是相同的，但由于间歇时间的不同，最终所取得的训练效果也有差别。因此，在训练中应经常进行血乳酸的测定，以便更好地掌握运动的强度和间歇。

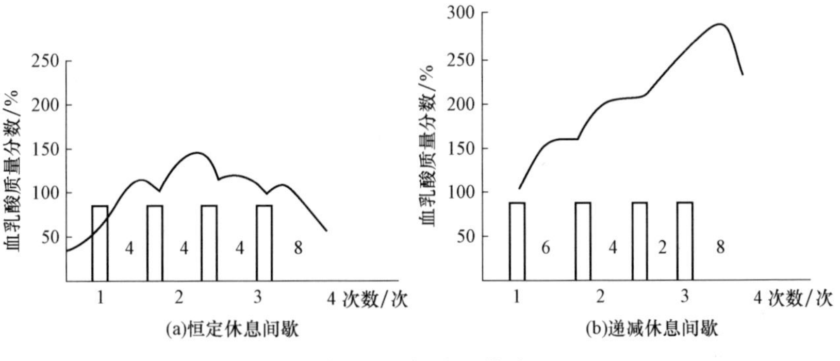

图7–4　间歇训练法

不同训练水平的青少年对乳酸的耐受力也是有差别的。当乳酸耐受力提高时，机体疲劳的产生就会有所延缓，运动能力也会因此有更为显著的提高。

乳酸耐受力训练常采用超量负荷的方法。在第一次练习后使血乳酸达到较高水平，目前，12毫摩尔/升的血乳酸浓度是较为适宜的标准，保持在这一水平上，使机体在训练中接受长时间的刺激，生理上的适应和耐受力的提高就会得以实现。但是，如果训练强度过大，休息次数多，间歇时间短（a），在 2～3 次运动后乳酸下降，也会导致青少年运动能力的逐渐下降（图 7–5）。

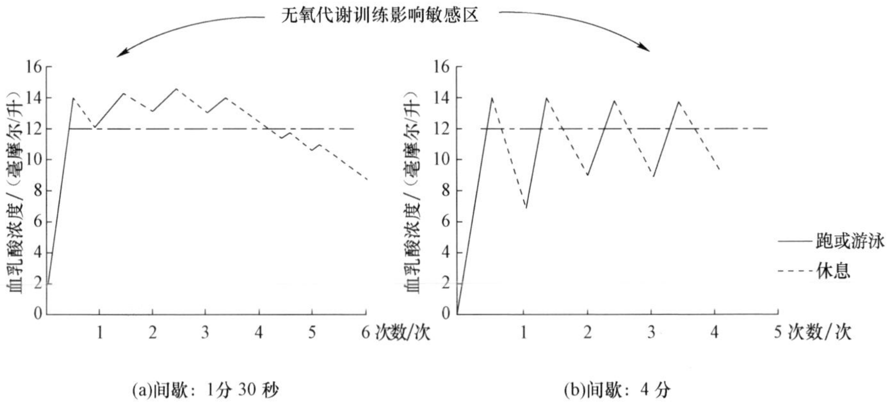

图 7–5　乳酸耐受力超量负荷训练法

通常，可以将间歇训练分为 3 种类型：高强性间歇训练、强化性间歇训练（A 型、B 型）、发展性间歇训练（表 7–7）。

表 7–7　间歇训练的基本类型

类型	高强性间歇训练	强化性间歇训练		发展性间歇训练
		A 型	B 型	
负荷时间	＜40 秒	40～90 秒	90～180 秒	＞5 分
负荷强度	大	大	较大	中等
心率指标/（次/分）	190	180	170	160
间歇时间	很不充分	不充分		不充分
间歇方式	走、慢跑	走、慢跑		走、慢跑
每次心率/（次/分）	120～140	120～140		120
供能形式	糖酵解供能为主的混合代谢供能	糖酵解供能为主的混合代谢供能		有氧代谢为主的混合代谢供能

（四）分解训练法

分解训练法，具体来说，就是化整为零，对那些完整的技术动作或战术配合过程进行分解，分解的过程要保证科学性和合理性，分解后的各个环节或部分就成为基本单位，然后，以各个环节或部分为一个小的单位来进行各自训练。

将分解训练法应用于青少年篮球运动训练中，能使青少年更加深入细致地了解篮球技术和战术，对专项技能的掌握更加熟练，理解也更为透彻，最终所获得的训练效益会有所提升。

一般来讲，适用分解训练法的情况有两种：一是技术动作或战术配合过程较复杂，且运用完整训练法又不易掌握动作时，可予以分解；二是技术动作、战术配合的某些环节需要较为细致的专门训练时。

一般可以将分解训练法分为以下 4 种类型。

1. 单纯分解训练法

首先，对训练内容进行分解，将其拆解成若干个具体部分，然后以分解后的环节为单位，运动员对相应的内容进行学习和掌握，再将各部分综合起来进行整体上的学习（图 7–6）。

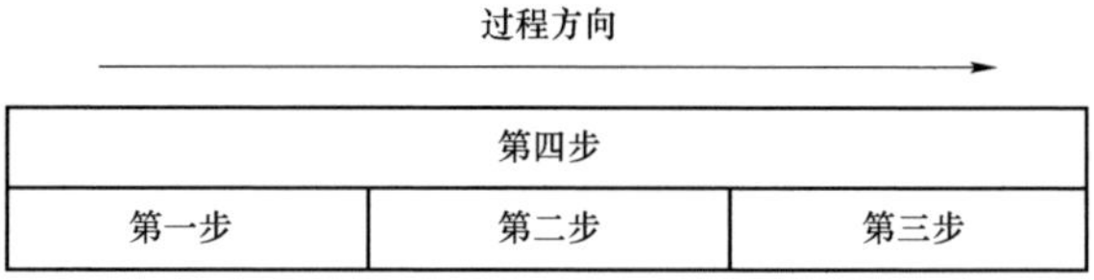

图 7–6　单纯分解训练法

2. 递进分解训练法

首先，对训练内容进行拆解，将其分解成若干个部分，训练的顺序为：先对第一部分进行训练，待掌握后，再进入第二部分的训练；掌握第二部分的训练后，将已经掌握的第一部分和第二部分合起来进行小综合训练；这两部分内容都能熟练掌握后，进入第三部分的训练；掌握第三部分的内容后，将第三部分的训练内容与前两部分内容合起来进行小综合训练……按照此规则一直持续进行训练，直至完成并掌握整个技术或战术（图 7–7）。

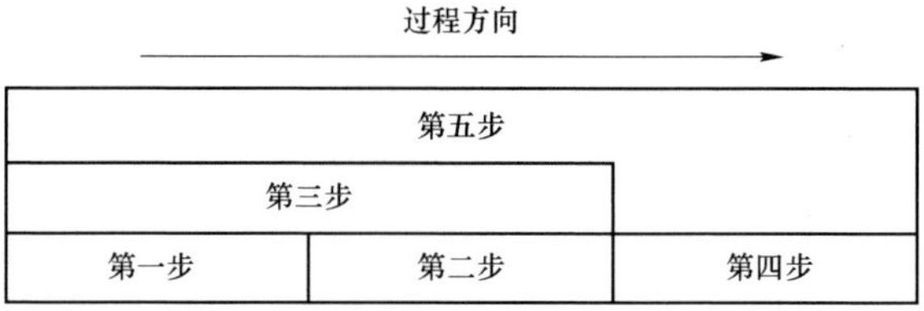

图 7-7 递进分解训练法

3. 顺进分解训练法

这种方法也要对训练内容进行分解，将其分解成若干个部分，首先对第一部分内容加以训练，待掌握第一部分的内容后，对包含第一部分在内的第二部分内容进行训练；待前面这两部分内容都掌握后，再对包括前两部分在内的第三部分内容进行训练……按照此规则进行训练，直至完整地学习并熟练掌握相应的技术或战术（图 7-8）。

图 7-8 顺进分解训练法

4. 逆进分解训练法

这种方法是相对于顺进分解训练法来说的，两者在拆解训练内容上是相同的，在学习和训练的顺序上则恰恰相反，具体来说，是先对最后一部分内容进行训练，然后逐次向前增加相应的训练内容，直至最前一部分的学习，最终完成并熟练掌握完整的技术或战术（图 7-9）。

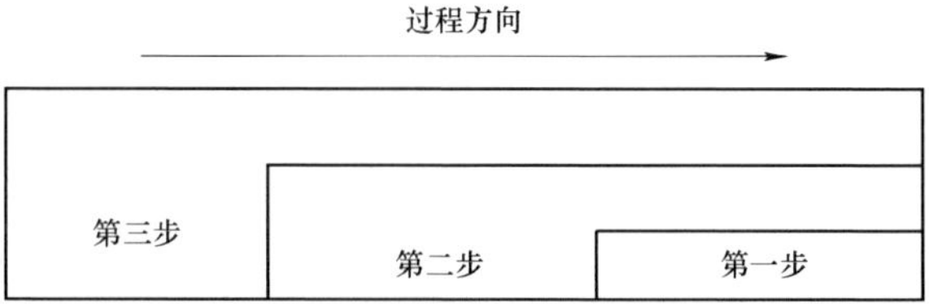

图 7-9 逆进分解训练法

（五）完整训练法

完整训练法，是将训练的内容作为整体来进行学习和掌握的方法，不进行横向或者纵向的具体分析。也就是说，在一个整体中包含的环节和部分是不做具体区分的。在青少年篮球运动训练中应用完整训练法，能够对青少年完整地掌握技术动作或战术配合起到促进作用，同时，还能使技术动作或战术配合的完整结构和各个部分之间的内在联系得到很好的保持。完整训练法的应用范围非常广泛，可用于不同的情况。

（六）变换训练法

变换训练法，就是对训练的相关要求进行一定的变换，来达到重新刺激运动员参与运动的积极性、主动性，使其取得理想成绩的一种方法。通常，变换的内容涉及运动负荷、练习内容、练习形式以及条件等。变换的内容不同，训练的侧重点不同，最终所获得的训练成效也有差别。比如，训练负荷的变换，能使机体各机能产生相应的适应性变化，使青少年身体的适应能力得到很好的锻炼。再如，训练内容的变换，能够使青少年各方面的运动素质、运动技术、运动战术都得到有效训练，保证了综合素质和专项技能的全面性，同时，篮球比赛所需的多种运动能力和应变能力也会得到有效锻炼和提高。

通常，变换训练法的类型有 3 种，即负荷变换训练法、内容变换训练法和形式变换训练法。每一种类型都有各自的特点（表 7–8）。

表 7–8　变换训练法的基本类型及其特点

要素	基本类型		
	负荷变换训练法	内容变换训练法	形式变换训练法
动作结构	相对固定	变换	固定或变换
负荷强度	变化最大	可变或不变	形式变换训练
供能形式	可在多种代谢形式之间变换	以某种代谢形式供能为主	以某种代谢形式供能为主

（七）循环训练法

循环训练法，就是按照训练的具体任务，将练习手段设置为若干个练习站，运动员按照特定的顺序和路线，遵循相应的步骤和程序，依次完成每站练习任务的一种训练方法。这一方法应用于青少年篮球运动训练中，有助于激发青少年的训练情绪，同时还能积累负荷“痕迹”、交替刺激不同体位。

在青少年篮球运动训练中运用循环训练法，所起到的作用是非常显著的。具体表现为：第一，有效提高不同层次和水平的青少年的训练积极性；第二，能使青少年篮球运动训练过程中练习密度合理地增大；第三，能根据实际情况和需要进行适当的调整，做到区别对待；第四，延缓疲劳的产生，有利于身体得到全面训练。

循环训练法的类型通常有 3 种，循环重复训练法、循环间歇训练法和循环持续训练法。每一种类型都有其显著特点（表 7–9）。

表 7–9　循环训练法的基本类型及其特点

要素	基本类型		
	循环重复训练法	循环间歇训练法	循环持续训练法
循环过程	间歇充分	间歇不充分	基本无间歇
负荷强度	最大	次大	较小
负荷性质	速度、爆发力	速度耐力、力量耐力	耐力
供能形式	以磷酸原代谢系统供能为主	以糖酵解代谢系统供能为主	以有氧代谢系统供能为主

（八）比赛训练法

比赛训练法，就是通过对真实比赛环境的高度模拟，并且仿照比赛的规则和条件来进行仿真训练的一种方法。

在青少年篮球运动训练中运用比赛训练法，也会起到显著的作用。主要表现为：第一，有助于青少年养成遵纪守法、尊重裁判、尊重对手的道德品质；第二，为青少年形成良好、稳定的心理素质提供帮助；第三，为培养青少年顽强拼搏、坚韧不拔的奋进精神创造有利条件；第四，能使青少年的积极性和团队合作意识有所提高。

比赛训练法可以分为教学性比赛训练法、检查性比赛训练法、模拟性比赛训练法和适应性比赛训练法 4 种类型。各种类型都有其各自的特点，有些相同或相近，有些不同（表 7–10）。

表 7–10　比赛训练法的基本类型及其特点

基本类型	教学性比赛训练法	检查性比赛训练法	模拟性比赛训练法	适应性比赛训练法
比赛规则	正式规则或自定规则	正式规则或自定规则	正式规则	正式规则
比赛环境	相对封闭	封闭或开放	封闭或开放	开放
比赛过程	可人为中断	不可中断	不可中断	不可中断
比赛对手	队友或对手	对手	队友或对手	对手
比赛裁判	临时指定	正式指定	临时或正式指定	正式指定

（九）游戏训练法

游戏训练法，就是以游戏的形式来进行训练的一种方法。具体来说，游戏训练法就是在娱乐的氛围中通过运动，来达到锻炼身体、愉悦身心的目的。此外，这种训练方法在减轻参与者的学习压力、释放其激情方面也是有所帮助的。

在青少年篮球运动训练中运用游戏训练法，首先与青少年的心理特点和需求是相符的，同时还能达到提高兴奋性、激发青少年运动兴趣的目的。这种训练方法对于青少年来说是非常适用的，只是在运动量上要加以规定，应根据青少年的实际情况来确定具体的运动负荷和运动量。

第三节　青少年篮球运动训练模式的设计

一、青少年篮球运动训练手段的选择

现代科学技术发展迅速，其在运动训练中的应用也越来越广泛，训练手段和训练方式的多样化程度越来越高，在青少年篮球运动训练中也是如此，并且成为当前训练的一个重要特点。

当前，常用的运动训练手段有很多（图 7–10），其中最主要、最基本的是身体练习手段。其他手段在青少年篮球运动训练中也会有所运用，具体要根据实际需要来加以选择和运用，以保证青少年篮球运动训练的顺利实施与理想训练效果的取得。

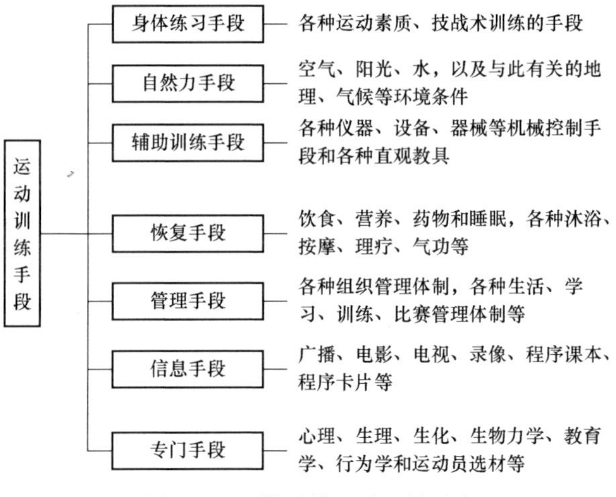

图 7–10　常用的运动训练手段

二、青少年篮球运动训练计划的制订

（一）多年训练计划的制订

青少年篮球运动多年训练计划包含的内容是非常广泛的，具体如下。

（1）训练的基本情况，涉及训练目标和任务、比赛安排和名次要求等方面。

（2）青少年的基本情况，涉及思想、意志品质、身体条件、年龄和生理特点以及篮球基本技术。

（3）考核和评价，主要涉及篮球训练水平的测定及全面考核措施。

（4）各学年的训练任务、技术指标及主要措施。

多年训练计划可以用表格的方式展现出来，此外，文字阐述的方式也经常被用到。

（二）全年训练计划的制订

1. 全年训练计划的任务

要结合青少年篮球运动训练的整体情况，来总结上一学年的训练情况，然后以此为依据，明确提出相关的各项措施，以使既定的总目标能够顺利实现。

2. 全年训练计划的类型

不同类型的全年训练计划，相应的训练任务也会有所差别（表 7–11）。

表 7–11　全年训练计划的类型及任务

训练计划类型		时间跨度	基本任务
年度训练计划	单周期	6～12 个月	准备并参加 1 次或 1 组重要比赛
	双周期	每个周期 4～6 个月	准备并参加 2 次或 2 组重要比赛
	多周期	各周期 3～5 个月	准备并参加 3 次或 3 组及以上重要比赛

全年训练计划的周期可以分为准备期、比赛期以及过渡期 3 个方面。这样划分的主要目的在于保证青少年篮球运动训练安排的合理性、周密性、详细程度更高。

（三）阶段训练计划的制订

在科学制订青少年篮球运动训练的阶段训练计划时，首先要保证学期计划各个时期任务能顺利完成，并且有利于各个时期训练的自然衔接，这对于及时调整计划也较为有利。

另外，在制定青少年篮球运动训练的阶段训练计划时，一定要将具体而周密的教学训练任务、内容和训练负荷展现出来（表 7–12）。

表 7–12　阶段训练计划表

<table>
<tr><td colspan="3">______队______阶段训练计划</td><td colspan="4">主教练：________</td></tr>
<tr><td colspan="3">上阶段训练的基本情况分析</td><td colspan="4"></td></tr>
<tr><td colspan="3">本阶段任务与训练重点</td><td colspan="4"></td></tr>
<tr><td rowspan="5">训练安排</td><td colspan="2">类别</td><td>主要训练内容</td><td>训练方法措施</td><td>训练单元</td><td>比重/%</td></tr>
<tr><td rowspan="2">身体训练</td><td>一般</td><td></td><td></td><td></td><td></td></tr>
<tr><td>专业</td><td></td><td></td><td></td><td></td></tr>
<tr><td colspan="2">技术</td><td></td><td></td><td></td><td></td></tr>
<tr><td colspan="2">战术</td><td></td><td></td><td></td><td></td></tr>
<tr><td rowspan="2">比赛安排</td><td colspan="2">名称</td><td></td><td></td><td></td><td></td></tr>
<tr><td colspan="2">名次指标</td><td></td><td></td><td></td><td></td></tr>
<tr><td>训练负荷曲线</td><td colspan="6"></td></tr>
<tr><td>训练进度</td><td colspan="6"></td></tr>
<tr><td>备注</td><td colspan="6"></td></tr>
<tr><td colspan="7">________年____月____日制订</td></tr>
</table>

（四）周训练计划的制订

通常可以将青少年篮球运动训练的周训练计划分为基本周训练、赛前诱导周训练、比赛周训练和恢复周训练 4 种类型。其中，基本周的主要任务是增强青少年的篮球竞技能力；赛前诱导周的主要任务是使青少年所具备的篮球竞技能力向专项方面发展；比赛周训练的目的在于使青少年保持参与篮球竞赛的最佳竞技状态；恢复周训练的目的则在于消除运动员生理上和心理上的疲劳，保证能量物质的尽快再生。

周训练计划的记录形式有很多种，最主要、最常见的是表格，这种形式能直观地展示出其中所包含的内容和信息（表 7–13）。

表 7–13　周训练计划表

____年____月____日至____年____月____日				
________训练阶段	第____周		周的类型：____________	
主要任务				
星期	主要任务	内容手段	负荷要求	恢复措施

（五）课时训练计划的制订

青少年篮球运动训练的课时训练计划是由准备部分、基本部分和结束部分构成的。这 3 个组成部分在时间、训练内容以及组织形式方面都有相应的要求，且具有差异性特点，可以将它们之间的关系归纳为：既相互联系，也各有差别。因此详尽地安排课时训练计划是非常重要的（表 7–14）。

表 7–14　课时训练计划表

日期：____年____月____日			地点：__________	
课时任务：				
课时部分	时间	内容手段	组织形式	负荷要求
准备部分				
基本部分				
结束部分				
小结：				

三、我国青少年篮球运动训练模式的创新

目前，我国青少年篮球运动训练模式还不够完善，需要进一步创新，促进该模式的改革与完善。具体可以从以下两方面着手。

（一）日常训练要与实战相贴合

有比赛就有竞争，这种竞争在体力和脑力上都有不同的体现。青少年要参与到篮球运动训练和比赛中，必须具有较强的身体素质和心理素质以及灵活的思维能力，针对篮球专项来说，就是指身体的平衡性、意志力的比拼，以及团队的综合实力与协作能力的较量等几个方面。[①]

我国青少年在早期的篮球运动训练中，往往注重的是基本功的练习，不断进行篮球运动基本技术的训练，在实战方面的经验是非常少的。再加上对比赛成绩的过度重视，一些新上来的青少年运动员很少有机会去参加比赛，这样就会导致青少年即使参加比赛，在比赛过程中也会有大量的问题产生，比如，队员的配合不默契、协作能力不强、自信心不高等。

将篮球运动训练与实战相贴合，就为青少年提供了更多的锻炼机会，能激发出他们的斗志，他们会有意识地珍惜，并积极认真地对待，在实战过程中快速地找到自身与其他成员之间的差异，起到良好的弥补缺漏的作用，这对于训练效果的提高大有帮助。

（二）加强新技术的应用

对于青少年来说，篮球运动训练是较为单调和枯燥的，这就需要教练员在训练过程中，引入并有效利用多媒体设备，使青少年参与训练的动力得以增强，以对青少年篮球运动水平的提高起到促进作用。从整个体育领域的角度来说，篮球运动属于基础性运动范畴，与篮球运动相关的精彩视频非常丰富，将这些充满趣味性的训练视频提供给青少年，对青少年更加深入地理解篮球运动、充实训练内容有着显著效果。

---

① 史黎清. 我国青少年篮球训练现状及创新模式探索[J]. 青少年体育，2019（8）：72–73.

第四节 青少年篮球运动训练质量提高的策略

一、遵循正确的训练原则

在青少年篮球运动训练过程中，遵循正确的训练原则是非常重要的，这对训练顺利进行及训练效果的取得都会产生重要的影响。青少年篮球运动训练需要遵循的基本原则包括直观性原则、系统性原则、针对性原则、个体性原则、直观激励原则、有效训练控制原则等。此外，“三从一大”原则也是青少年篮球运动训练需要遵循的重要原则。

二、突出专项训练

对于青少年来说，其篮球运动训练水平与专项训练有着密切关系。可以将突出专项训练作为提高运动训练水平的重要途径。专项训练本身不仅与篮球运动的规律相符、与竞技体育的发展相适应，还能使篮球运动发展的现实需要得到有效满足，意义重大。近年来新出现的一个术语——功能训练，实际上就是专项训练，功能训练能够使训练和比赛的距离拉近。

三、注重高原训练

将高原训练引入运动训练中已经有几十年的时间了，这种训练方法在世界范围内得到了推广和广泛应用，很多国家已经形成了在重大比赛之前，对优秀的运动员进行高原训练的传统。高原训练对于青少年篮球运动训练水平的提高功效显著。传统的高原训练，就是单纯地把运动员安排到海拔较高的地区，通过高原环境的刺激来提升训练的实效。但随着运动训练的不断进步及篮球运动的不断发展，这种训练方式已经与现代篮球运动训练不相适应了。如今，运动训练向非耐力性项目、对象年轻化、注重科研支持等方向发展，同时，这也成为未来运动训练研究的重要课题方向。

四、通过赛前减量训练保证最佳竞技状态

所谓的赛前减量训练，即为在比赛之前，在训练量上有所减少，这属于恢复性训练的一种。在青少年篮球运动训练过程中，适当的减量训练能够使青少年的身体机能有所提高，对于其保持最佳竞技状态有显著作用。为保证训练效果，需要在减量训练期的时间长短和训练负荷安排上加以注意。通常，减量训练的时间以 1~4 周为宜，具体要因人、因需而定；所选择的内容以篮球专项练习为主，这能使青少年在篮球竞赛中状态与能力的维持得到保证。

五、打好体能训练基础

运动训练的研究与讨论，都要以体能训练为基础，因为体能训练是训练理论的核心问题，也是篮球运动训练成绩好坏的关键性因素。对于参与运动训练的青少年来说，机体各个器官系统功能的协调发展、专项竞技能力的提高，都得益于体能训练。随着篮球运动的不断发展，对后备人才的要求也越来越高，对于青少年来说，必须先进行体能训练，使自身具有坚实的体能基础，才能保证自己在训练过程中的健康和安全，才能在此基础上承受更大负荷的训练和高强度的比赛，保持良好的心态，向优异成绩进军。

六、重视团队意识

尽管篮球运动对运动员个体的要求较高，但是，其终归是一个集体性运动项目，整个篮球比赛的结果，是整支队伍共同努力的结果，不是其中某一个队员能力强就能达到的，因此，团队意识，就成为青少年篮球运动训练需要强调的重点之一。

团队运作系统中存在着 3 个主要运作机制，即管理—整合机制、动力—激励机制、制胜力—打造机制。这 3 个机制与每一个团队的运作大都经历构建团队结构、形成团队凝聚力、增强团队综合制胜力这 3 个过程是相对

应的（图 7–12）。可以说，青少年篮球运动训练的实施必须以运动团队的形式进行，从而保证其整体训练的效果。

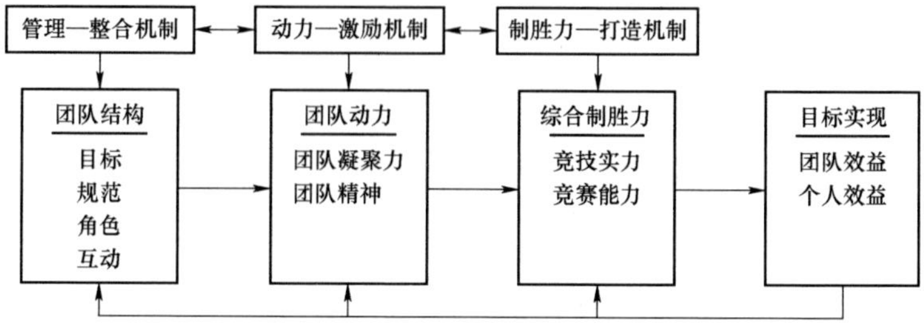

图 7–12　团队运作系统的主要运作机制

七、做好生理生化检测

青少年篮球运动训练的目的有两个：一是提高青少年的专项运动水平，二是取得优异成绩。其中青少年的专项运动水平是取得优异成绩的关键性因素。因此，抓好青少年篮球运动的科学训练至关重要。

在青少年篮球运动训练过程中，教练员通常会借助基础理论、实验技术以及测量方法等来对青少年的机能状态进行检查和评定，从而更好地挖掘其运动潜力，提高其专项运动能力。

八、篮球运动训练的创新

没有创新就没有发展，这一点对于所有事物的发展都是适用的。青少年篮球运动训练也需要不断的创新，才能保证其发展的可持续性。

青少年篮球运动的发展逐渐趋于理想化，主要原因在于青少年篮球运动科学而系统的创新及其在训练实践中的应用。在青少年篮球运动训练实践过程中，创新要在篮球运动的各个方面都有所体现，比如技术、战术等，从而使青少年篮球运动训练的创新具有整体性特点。

第八章 青少年篮球后备人才综合素质的培养与训练

青少年篮球后备人才需要具备综合素质，主要包括体能、心理、智能，以及篮球运动技战术能力，这些都是其未来参加篮球运动竞赛必不可少的技能。本章对青少年篮球后备人才这些综合素质的培养进行研究，为青少年篮球后备人才综合素质的培养工作提供指导和参考。

第一节　青少年篮球后备人才体能训练

一、体能训练概述

我国体育学界的观点认为，体能训练是指运用各种身体训练手段，全面改善运动员的身体形态、提高身体机能和发展运动素质及健康素质，以提高运动员机体对练习负荷和比赛负荷适应能力的训练过程。简单地说，体能训练就是一种涉及诸如身体形态、身体机能、运动素质等多方面内容的身体训练。其中，身体形态指人体的内外部形状；身体机能指机体各器官系统的功能，它是身体活动能力的基础；运动素质指机体在中枢神经系统控制下，在运动时所表现出来的各种基本运动能力。构成体能的身体形态、身体机能、运动素质 3 个要素既相对独立，又密切联系、相互影响。在体能的 3 个要素中，身体机能属于内在表现，身体形态和运动素质属于外在表现。内外结合，过于侧重某一项，均不会达到理想的体能训练效果。

二、篮球运动的体能需求

（一）篮球运动的力量素质需求

力量素质是篮球运动员对专项速度、专项对抗能力、专项技术掌握和完善的基础和保障。在篮球比赛中，力量素质决定了攻防的反应、加速、跑动、拼抢以及攻击与防守的有效性。篮球运动除了要求运动员要跑得快、跑得巧之外，还要求运动员在跑动过程中要具备快速制动、急停的能力。跑得快需要足够的腿部和足踝掌趾肌群力量，跑得巧要求运动员必须具备迅速改变方向的能力，这需要腰腹肌群的控制力及脚掌内外侧肌力，以便蹬地和旋转。在跑动的过程中，要想急停，就需要依靠膝踝关节肌群所具有的强有力的退让收缩能力。而在盖帽、跳投、争抢篮板球等动作中，运动员需要具备良好的弹跳能力。腰腹力量和腿部力量是运动员弹跳能力的重要基础，而传球和投篮都需要借助指腕和手臂的力量。一场激烈的篮球比赛，队员在场上要不停地完成跑、跳、投等各种技术动作，因此还需要肌肉具备大强度持续工作的能力——快速力量能力。

（二）篮球运动的速度素质需求

对于篮球运动项目来说，速度是其灵魂之所在、生命之活力。在现代篮球比赛中能否取得最终的胜利，关键在于是否能够在高难度、高速度、强对抗之下准确地完成每一次的进攻和防守。同短跑相比，篮球运动的快跑有着很大的不同。短跑是在不受到外界干扰的条件下，运动员全神贯注将创造出最高速度作为其唯一的目的。但在篮球运动中，跑动中有激烈的对抗，要突破防守，在快跑中还要视防守动作随机应变，同时还要有高度的稳定性（抗冲撞）。这就要求篮球运动的跑动要具有稳定性、应变性、突然性和隐蔽性等专项特点。

（三）篮球运动的耐力素质需求

所谓耐力，是指人的机体能够长时间保持运动的能力。通常来说，与专项运动成绩密切相关的耐力，称为专项耐力。篮球比赛场地小、强度大、对抗性强，为了保持战斗力，双方换人频繁，这些特点要求篮球运动员首先具备良好的无氧耐力，尤其是保持高强度、爆发式运动的能力，也就是长时间反复进行短距离、高强度运动的能力。长时间主要是指比赛总的时间长度；反复是指各种跳跃、急停、急起、滑步等这些动作在一场比赛中能够重复出现上百次；短距离高强度运动是指滑步、跳跃、急停、急起等脚步动作的实际距离比较短，但都属于亚极限、极限运动。篮球运动员的专项耐力主要表现在能够保持反复进行高强度、短距离间歇运动的能力。在一场时长为40分钟的篮球比赛中，攻防节奏总是会出现不断的变化，运动员的机体也必然会进行有氧代谢，所以良好的有氧耐力也是篮球运动员所必须具备的。

（四）篮球运动的柔韧素质需求

篮球运动要求运动员具有良好的协调性与灵活性。儿童及青少年尤其要注意发展柔韧素质，因为这一年龄段人群的软组织质量有利于发展柔韧性，柔韧训练开始的时间越早，效果就越好。

篮球运动员具有良好的柔韧性，主要是关节韧带，尤其是肩部、腰部、腿部、胯部、踝关节韧带的韧性强，能够更好地增加运动员在实际比赛中技术动作的幅度和强度，并降低发生运动损伤的概率。

篮球运动员需要长期坚持柔韧素质训练，这样才能取得持久的效果。运动员需要在每次篮球体能训练中做一些拉伸性的练习，也需要通过专门的柔韧练习课来提高自己的柔韧性。

（五）篮球运动的灵敏素质需求

篮球运动员的灵敏素质主要表现在准确、协调、快速等方面。只有具备了以上这些灵敏素质，才能与篮球运动的反应迅速、应变能力强的专项要求紧密结合，以更好地促进运动员发挥自身的技战术水平。

篮球运动员需要提高各个技术动作的准确性，通过对其他素质的练习来发展自己的灵敏素质。

三、青少年篮球后备人才体能训练方法

（一）青少年篮球后备人才专项力量训练

1. 上肢力量训练

（1）负重推举。

（2）负重臂屈伸。

（3）卧推。

（4）两人一组，一人侧平举，另一人用力压手腕对抗。

2. 手指、手腕力量训练

（1）手指用力抓空练习。

（2）两人坐着用指腕力量传篮球或实心球。

（3）两人一球，用单手手指互相推球。

（4）左右手互相对抗。用力抓夺篮球。

（5）双手握杠铃杆，直臂做快速屈伸手腕练习。

3. 腰腹力量训练

（1）利用杠铃负重转体、挺身。

（2）仰卧举腿，仰卧折体，仰卧挺身。

（3）单、双脚连续左右跳过一定高度。

（4）跳起空中收腹、手打脚、转身、空中传球或空中变换动作上篮等。

4. 下肢力量训练

（1）负重提踵。

（2）徒手单腿深蹲起。

（3）深蹲跳。

（4）徒手半蹲或背靠墙半蹲。

（5）两人一组，利用人的体重进行负重半蹲起。

5. 爆发力训练

（1）全场连续蛙跳。

（2）全场连续多级跳。

（3）连续快速跳起摸高。

（4）中场三级跳上篮。

（5）负重投篮。

6. 核心力量训练

（1）俯姿平撑，俯卧，双臂屈肘 90 度支撑身体，双脚伸直并拢，用脚尖撑地，肢体固定腹背部。

（2）侧姿臂撑，侧卧，单臂屈肘支撑身体，另一臂屈肘侧举，双脚伸直、并拢，用一只脚外侧撑地。

（3）仰姿桥撑，仰卧，双臂屈肘支撑身体，双脚伸直、并拢，用脚撑地。

总之，在篮球专项力量练习中，动作幅度、用力方向与技术动作必须符合要求，练习负荷要高于比赛要求，从而在关键技术环节充分发挥身体力量。

（二）青少年篮球后备人才专项速度训练

1. 跑的练习

（1）各种姿势、各种距离跑的训练。用各种姿势起跑，全速跑 30 米、60 米或 100 米，改进跑的技术并提高跑的速度。两罚球线、两端线及各种距离的往返接力跑等。

（2）移动中各种跑的训练。

①快速跑变中场后退跑。

②各种折线跑与抢滑步练习。

③折线起动侧身变方向跑。

④沿边线侧身快速跑。

⑤沿 3 分线急停、起动、侧身跑。

（3）跑台阶训练。快速斜线、直线向上跑台阶，直线上、下台阶计时跑，上、下坡快速跑等。

（4）结合球进行各种跑的训练。

①直线或折线自抛自接球快速跑。

②单手全场直线（或一次变向）快速运球上篮。

③全场 3 人 8 字传球快速跑。

④全场传 3 次球然后上篮的各种方式跑。

⑤全场传球快速起动跑。

⑥加速快跑接长传球、地滚球上篮。

2. 手臂摆动练习

（1）前后甩臂训练。

①向前甩臂，然后贴身向后甩臂。保持双肩放松，手臂伸直，手和手指放松，握拳会使前臂和双肩紧张，从而制约双臂的自由摆动。

②屈肘呈 90 度，放松摆动肘部，手臂前后移动，但手的位置不要高过胸部或肩；向后摆动时，手的位置不应超出臀部。

③随着练习的进行，摆臂动作加快。手臂摆动速度有助于腿的摆动速度。

（2）坐姿摆臂训练。坐在地板上或板凳上，双腿伸直，摆动手臂，肘部呈 90 度弯曲，仿佛在敲鼓。

（三）青少年篮球后备人才专项耐力训练

1. 无氧耐力训练

（1）变距快速折返跑。

（2）连续碰板 100～200 次。

（3）半蹲式原地快速点地跑 1 分钟，可做 4～5 组。

（4）短距离跑，如 30 米、60 米、100 米、反复冲刺跑。随着训练水平的提高，每次跑的间歇时间可逐步缩短。

（5）全场连续防守滑步。

2. 有氧耐力训练

（1）中长跑、越野跑、爬山等。

（2）各种跑、跳、防守脚步动作，投、突、传、运等动作组成的全场综合练习。

（3）两名运动员分别站在球场的两个篮下，听信号后先跳起摸篮板（圈），然后做后退跑。

3. 混合耐力训练

（1）全场 10 圈变速跑。

（2）全队人员沿篮球场边线交替排头追逐跑。

（3）连续进行长时间的各种攻守技术练习和全场攻守比赛。

（四）青少年篮球后备人才专项柔韧性训练

（1）两腿前后开立，两脚跟触地做弓箭步向下压腿。

（2）在地板上做“跨栏步”拉压腿、胯。

（3）两臂做不对称大绕环转肩动作，一手从上往下，另一手从下往上，两手在背后做拉伸练习。

（4）两手手指交叉相握，手心向外做压指和压腕动作，向下、向前、向上、向两侧充分伸展手臂。

（5）利用器材或队员相互间做压肩、拉肩、转肩背和各种压腿拉腰、拉背及全身伸展练习。

（6）两腿交叉直立，上体前屈，手摸脚或地面。

（7）手放在脚上，连续做左、右弓箭步练习。

（四）青少年篮球后备人才专项灵敏训练

1. 反应判断能力训练

（1）按口令做相应动作。

（2）按口令做相反动作。

（3）听信号，用各种姿势起跑，站立式、背向、蹲、坐、俯卧撑等姿势。

（4）听信号或看手势急跑、急停、转身、变换方向。

（5）原地、行进间或跑步中听口令做动作。例如，喊数抱团成组；做加、减、乘、除简单运算得数抱团成组，看谁最快等。

（6）一对一追逐模仿。

（7）一对一互看对方背后号码。

（8）一对一脚跳动猜拳、手猜拳、打手心手背、摸五官等。

（9）跳绳。

（10）各种游戏，如叫号追人、追逃游戏等。

2. 协调能力训练

（1）模仿动作练习。

（2）各种徒手操练习。

（3）做不习惯方向的动作。

（4）简单动作组合练习。

（5）一对一背向互挽臂蹲跳进、跳转。

（6）脚步移动练习。例如前后、左右、交叉快速移动；单脚为轴的前后、转体移动；左右侧滑步、跨跳步移动。

（7）双人跳绳。

（8）双人头上拉手向同方向连续转。

（9）跳起体前屈摸脚。

（10）做小腿里盘外拐的练习。

（11）改变动作的连接方式。

（12）选用武术中的“二踢脚”“旋风脚”动作进行练习。

（13）双人一手扶对方肩，一手互握对方脚腕，各用单脚左右跳、前后跳、跳转。

3. 平衡能力训练

（1）在平衡木上做一些简单动作。

（2）在肋木上横跳、上下跳。

（3）各种站立平衡，如俯平衡、搬腿平衡、侧平衡等。

（4）一对一弓箭步牵手面向站立，虚实结合互推互拉，使对方失去平衡。

（5）一对一面向站立，双手直臂相触，虚实结合相互推，使对方失去平衡。

4. 弹跳训练

（1）连续半蹲跳、跳深、收腹跳。

（2）单脚跳、连续跨跳或蛙跳 28 米若干次（每次达到步数要求）。

（3）两脚交替直线向前跨跳和直线向前左、前右跨跳。

（4）连续深蹲跳（或跳起摸一定高度）20 次。

（5）跳绳练习。

（6）单脚徒手全力跳上、跳下台阶。

第二节　青少年篮球后备人才心理与智能训练

一、青少年篮球后备人才心理训练

（一）篮球运动心理训练概述

心理训练有广义和狭义之分。广义的心理训练，是指有目的、有计划地对受训者的心理过程和个性心理特征施加影响的过程。狭义的心理训练，是指采用特殊手段使受训者学会调节和控制自己的心理状态，进而调节和控制自己行为的过程。

心理训练是现代篮球运动训练的重要方面，其实质是一种教育过程，是有意识、有目的地培养、发展和完善运动员在从事专项运动时所必须具备的各种心理素质和心理品质的教育过程。它影响、制约着运动员身体、技术、战术水平的改善和体现，使其形成专项运动所需要的良好个性心理特征，为达到最佳竞技状态和创造优异成绩奠定良好的心理基础。

为了达到篮球比赛所需要的心理准备，在进行篮球运动心理训练时应该注重以下几点。

（1）促进和改善运动员的专门化知觉、记忆、想象、思维等心智能力。

（2）有针对性的适应能力训练，尤其是比赛环境下的适应能力训练，能使运动员的情绪具有一定的稳定性，并使其保持适宜的兴奋状态。

（3）使运动员对于正在进行的技术动作具有很好的自控能力。

（4）能在瞬间做出准确的时空判断并有较好的“时机感”。

（5）具有良好的自我调节和释放压力的能力，调节和消除自己在训练和比赛中的紧张状态。

（6）具有坚强的意志品质，在训练和比赛中为实现既定的目标而努力，并坚持不懈。

（二）青少年篮球后备人才心理训练的要求

1. 长期系统

篮球运动员需要经过长期的心理素质训练，才能在比赛中发挥效力。如果事先没有经过任何心理方面的训练，没有掌握心理调控技能，则难以在比赛中充分发挥实力。教练员应根据运动员的个人情况制订心理训练计划，并控制运动员心理训练过程，以提高训练效果。

2. 积极主动

篮球运动员的自觉性、积极性直接影响心理训练效果，运动员只有充分发挥主观能动性，自觉、积极地参与训练，配合好教练员，才能取得良好的心理训练效果，有效提高心理素质。

3. 预防为主，调控在先

在对篮球运动员进行心理训练的过程中，要注意防患于未然，通过预测运动员可能会出现的心理问题而对其心理状态进行调控，不要等到心理问题已经严重了再去调控，那样是会影响训练计划实施效果的。

4. 量化评定

在篮球运动员心理训练效果评定中采用量化指标，及时给运动员提供反馈，使运动员进一步强化训练动机。量化评定指标主要包括主观体验性指标、生理生化指标、行为指标和成绩指标等。

（三）青少年后备篮球人才一般心理训练

1. 意识训练

篮球运动员意识训练步骤如下。

（1）明确概念，采用比较直观的训练手段。

（2）肌肉控制，通过想象有顺序地控制肌肉，使肌肉各部位充分放松。

（3）集中精神，回忆动作结构，并保持一段时间。

（4）将表象与运动器官连接起来，视觉表象中联系每个动作与机体完成此动作的关节、肌肉感觉，直到两者感觉一致。

（5）检查训练效果。

2. 专门化知觉训练

专门化知觉是指运动员从事专项运动时的某些心理的特殊感受知觉，它们是一种复合知觉，也是运动员主要的心理因素之一。篮球运动员的专门化知觉包括球感和时空感等。

（1）球感。球感是人在长期从事篮球运动过程中产生的专门化知觉，是反映运动员各方面素质的重要指标，球感的好坏主要取决于能否长期坚持触球训练。

（2）时空感。篮球运动的时空感主要表现为运动员的时空判断能力。时间感觉与空间感觉密切相连，运动员只有具备良好的时空感，才能在比赛中获得主动权。篮球运动中运动员的时空感主要体现在预测反应、视动反应、选择反应等方面，要求运动员有广阔的视野，能准确把握与判断人和球的速度、移动、距离、方向等。

3. 注意力训练

注意力为运动员全神贯注于一个确定的目标的能力。在篮球运动中，球员的目标就是积极地进行进攻和防守，最终赢得比赛。在比赛过程中，有很多影响球员注意力的因素，包括场上球员、观众、教练员和裁判员等，他们对运动员均能够产生一定的干扰，从而使其注意力不能集中，对比赛产生消极的影响。篮球运动员要做到在比赛中不能为外界因素所干扰而影响自身技术的发挥。在进行排除内外消极干扰的训练时，要积极地运用自我暗示、想象训练、指导语等方法进行调控，克服外界的影响，将所有精力集中于比赛。

篮球运动员注意力训练的方法如下。

（1）通过回忆日常训练，使注意力始终集中在动作形象上。

（2）选择自身的肌肉动作，并集中注意力。

（3）选择机体内部的某种生理因素，并给予注意，进行指向和注意集中训练。

（4）使自己的注意力稳定集中在单个或连续动作上。

4. 意志品质训练

篮球运动员的意志品质表现为在比赛中全力以赴地实现既定目标所做出的克服困难的努力。在比赛过程中，运动员的坚毅、顽强、果断、勇敢、沉着等意志品质相辅相成，对于比赛产生重要的影响。篮球运动员意志品质的训练方法如下。

（1）鼓励法。表扬意志顽强的运动员，树立典型，发挥其模范作用，激励其他队员努力上进，提高整个球队的意志品质。

（2）刺激法。安排较大负荷的训练，使运动员在大负荷下迎接挑战，增强克服困难的勇气和信心。

（3）强制法。要求篮球运动员必须完成教练员提出的训练要求，严格遵守竞赛规则，从而提高意志品质。

（四）青少年篮球后备人才专项心理训练

1. 防守心理训练

（1）表象训练。通过表象练习，能预测对手突破或投篮时可能采用的方式。我们可先了解对手的习惯动作。如果不是很了解防守队员，可通过表象来训练一对一防守所必需的步法和手上动作，还可通过表象破坏对手移动的节奏。可以表象自己不被假动作所骗，构建正确的心理框架，为成功防守做准备。

（2）自我暗示。运动员选用适当的提示语，在进行防守的身体或心理训练时，默念提示语，把注意集中在适当的地方，防守时避免产生消极思想。

（3）控制注意力自我训练。运动员要想成为“防守专家”，要做到以下两点。第一，要在短时间内把注意力集中在一个目标上，提高控制注意力的能力，在这个过程中要充分发挥有意注意的作用，把活动所必需的心理过程有序组织起来，使注意的对象有目的地转移。第二，控制注意力自我训练的关键是在防守时能将注意力集中在适当范围内。“狭窄外部集中”是注意集中的准则。

2. 投篮心理训练

（1）建立正确的投篮动作表象。可通过教练员讲解、示范投篮动作，并利用多媒体帮助运动员建立正确的动作表象。在模拟练习后，应能用语言描述投篮动作。

（2）建立“表象—动作”的映射关系。练习中再现投篮动作图像，并对照自己的投篮动作，发现不足并进行改善，从而接近“表象”，形成正确的动作定型。

（3）建立“表象—动作—思维”的训练程序。从实战角度建立符合自己体能状况的融表象、动作和思维于一体的投篮训练程序。运用思维的能动性协调心理活动与投篮技术动作之间的关系，调动心理和技术能量提高投篮命中率。

3. 罚篮心理训练

（1）罚篮前的心理训练。

①运用表象放松法“深呼—深吸”，同时冥思，回忆规范投篮动作，集中注意力，让情绪稳定下来，调整心理状态，如抢后场篮板球，然后迅速运球至前场罚球区，要求原地拍球 3 次，再做 2 次深呼吸并冥思投篮动作，最后罚篮等。

②教练员通过诱导训练法提醒运动员在罚篮时依次放松身体各肌肉群，增加呼吸深度。

（2）罚篮时的心理训练。

①通过自我暗示稳定情绪，罚篮时默念动作要领或暗示语，转移紧张情绪，充满信心进行罚球。

②利用模拟训练法，即运动员罚球时，其他队员站在底线，手持信号旗施加干扰，同时录音机播放嘈杂声音，提高运动员的适应能力，做好参

赛的心理准备。

（3）罚篮后的心理训练。

运动员第一次罚篮结束到准备第二次罚篮期间，往往心理压力大，情绪低落，容易造成失误。罚篮结束后的心理实际上是反馈的过程。在训练中，让运动员罚完一个球后闭上眼，通过念动练习回想上一个罚篮动作，反思不足。要注重自我激励，调整身心状态，为第二次罚篮做准备。

（五）青少年篮球后备人才比赛心理准备和调节

1. 自身调节

（1）表情调节。表情调节是有意识地改变自身的面部和姿态表情从而达到控制情绪的方法。情绪的产生会引起一系列的面部、姿态的变化，同时，有意识地对面部、姿态进行相应的变化也会对人的心理造成一定的影响。例如，在情绪低落时，可以有意识地做出笑脸或看看别人的笑脸，使自身处在相对愉悦的氛围中，这能够有效缓解低落的情绪状态。

（2）呼吸调节。调节呼吸的频率、深度和方式也是控制情绪的方法之一。当人处在紧张的状态时，呼吸会相对比较急促，这时，应该采用缓慢的呼气和吸气练习，这样能够有效地使情绪的兴奋性下降，达到调节情绪的目的。

（3）活动调节。活动调节也是一种简单的调节心理的方式。通过适量的身体活动，使肌肉运动产生的神经兴奋传递至大脑，引起大脑兴奋性的改变，从而在一定程度上使人的情绪改变。采用不同的速度、强度和节奏的动作练习，能够调节相应的情绪状态。例如，当运动员情绪紧张时，可采用缓慢的动作和节奏进行相应的动作练习，从而降低情绪的兴奋性，缓解过于兴奋和紧张的状态。

2. 认知调节

（1）表象调节。表象调节是通过表象控制情绪和行为的方法。具体方法可为比赛前在大脑中再现自己过去获得成功时的一些表现，体验当时的心理、身体状态，并努力保持当时的状态，这有助于增强运动员的自信心，有助于运动员保持适宜的兴奋水平。表象调节是一种积极的意念调节，能够间接地作用于人体自主神经系统，从而促进新陈代谢，使人情绪高涨，并充满力量感。

（2）宣泄调节。宣泄调节是指通过宣泄控制自身情绪的方法。在遇到困难和挫折时，情绪的宣泄是必不可少的，教练员应该提供各种情绪宣泄的渠道，并善意、认真、有耐心地倾听运动员的倾诉，从而达到调节运动员情绪的目的。

（3）激化调节。在激发运动员的拼搏精神和竞争精神时，可采用激化调节法，通过刺激和唤醒其自尊意识来控制其情绪和行为。激化调节法又称为激将法，它通过对运动员施加一定的“刺激”，使其对自身的问题能够进行深入的反思，从而采取相应的措施解决它。

3. 环境调节

（1）音乐调节。音乐具有鲜明的节奏感，能够表达人类复杂的情感，给人类心灵以震撼，听一段音乐，往往能够对人的情绪起到良好的调节作用。音乐调节正是通过音乐控制情绪的方法。研究表明，音乐能够给人以相应的声波信息，不同的音乐能够使人产生兴奋、镇定和平衡等情绪状态。

（2）颜色调节和气味调节。颜色不同，人们对事物的冷暖、重量和味道也会产生不同的心理效果。研究表明，绿色和蓝色能够起到一定的镇定作用，在紧张的情况下，使运动员处于这两种颜色的环境中，则能够有效地缓解其紧张状况；而红色和黄色能够给人以有效的刺激，使人精神振奋。

气味调节是一种新奇的心理调节方法。美国气味疗法专家指出，苹果的味道能够对肾上腺素有调节作用，从而使焦虑和激动的情绪得到有效缓解和控制。

二、青少年篮球后备人才智能训练

（一）运动智能及其对篮球运动员的作用

运动智能是指人在运动方面的特殊智能，是指人在运动方面的实际操作技能、运动行为能力。从竞技体育方面来看，运动智能是运动员异于常人的特殊智能。

篮球运动智能是运动智能的具体表现，具体是指篮球运动员所具备的篮球知识、分析判断以及技战术配合、技能运用等能力的综合。

良好的运动智能有助于篮球运动员深入理解篮球技能的基本规律，使运动员在短时间内找到适合自己的科学有效的学习方法，在日常训练中，能够很快理解与领会教练员的意图，从而快速掌握篮球知识与技能的核心内容，提高运动技能水平。

良好的运动智能有助于篮球运动员在激烈的篮球竞赛中通过全面观察和准确判断，快速、准确地完成个人技术与战术配合，成功破解对方的攻守意图，灵活运用技能合理干扰对手，善于分析赛场形势，灵活应对和掌握主动，从而争取投篮机会，提高获胜概率。

（二）青少年篮球后备人才智能训练的要求

1. 训练计划与计划执行的吻合度

在篮球运动训练中，体能、技战术、运动智能及心理等训练缺一不可。应制订长期系统的训练计划，对不同阶段的训练内容、手段和负荷合理安排，各阶段的训练是连续的、递进的。不同训练阶段的智能训练有差异，包括训练内容、训练重点及训练方法，只有科学安排，效果才更好。

2. 自身提高与整体发展的融通性

篮球运动员自觉学习体育学科知识，积极参与智能训练，运动员掌握的理论知识越丰富，就越能将其很好地应用于训练与实践，提高训练的效果。只有全面提高理论知识水平与实践技能，才能在比赛中充分发挥优势，取得优异成绩。

3. 局部培养与全面整合的一致性

篮球运动员首先要提高一般智能，这是专项智能发展的基础与前提。一般智能训练主要包括注意力训练、记忆力训练、观察力训练、想象力训练、思维力训练等方面。进行一般智能训练有利于为专项智能的发展奠定基础。

（三）青少年篮球后备人才智能训练的方法

1. 准备活动的训练

在篮球训练课的开始部分，运动员要做一些热身运动，充分活动身体各关节。热身活动形式与内容没有严格限制，自主性较强，运动员可以单独练习，也可以参与团队热身活动。这有助于运动员主观能动性的充分发挥、训练积极性的提高和想象力的发展。

2. 组织特殊规则的比赛

分组比赛，各指定参赛双方中的一名队员，每投中一次得 5 分（罚球除外），但双方不知道对方哪名队员被指定。比赛分两节，每节 5 分钟，中途休息 2 分钟。第一节比赛结束后，公布比分。在休息期间内，回忆刚才的比赛情况，分析对方哪位队员投中一次得 5 分，根据判断，在第二节比赛中抑制对方这名队员的作用。这种训练方法有助于培养篮球运动员的记忆力、观察力、分析问题的能力和判断能力。

3. 设置比赛“残局”

比赛即将结束，双方比分接近，因此要考虑本方如何领先，如何阻止对方领先。教练员应让运动员自己研究进攻与防守的策略或让对方先研究进攻策略，然后根据对方的进攻策略研究自己的防守策略。这种训练方法有助于对运动员的思考、创造、应变、适应、协作及解决问题的能力进行培养。

4. 加强多元智能训练

在不同的练习中，综合运用多种智能以激发潜能，展现优势，提高训练效果和运动成绩。

在篮球运动训练中，运动员要充分动用自己的优势智能，打破传统训练模式，促进思维发展和想象力的提高。运动员在动用智能时，要考虑是否有利于实现训练目标、提高训练成绩。

不同运动员受各方面因素的影响，优势智能会有所差异，但运动员大都具有良好的多元的智能潜能，这些潜能对运动员的训练表现有重要影响。根据多元智能理论模式，在篮球运动训练中要尽可能激发运动员的智能潜能，加强不同智能因素的优化组合。

第三节 青少年篮球后备人才技战术能力培养与训练

一、青少年篮球人才技术能力培养与训练

所谓现代篮球技术，是指在篮球比赛中运动员为了进攻和防守所采用的专门动作方法的一种总称。其主要包括移动动作、控制支配球动作、争夺球动作，以及由这些动作的多种组合所组成的动作体系。篮球技术是理想化了的动作模式，有其动作规范，不仅要与篮球竞赛规则的要求相一致，还要适应攻守对抗的需要，符合人体运动科学的原理，并具有篮球运动员的个人特点，能完成比赛中进攻与防守的具体任务，从而表现出篮球技术动作方法上的专门性与合理性。

（一）现代篮球运动中的基本功

在现代篮球训练中，特别注重运动员手部、脚步动作，腰胯部位动作，场上视野，篮球意识等方面基本功的全面发展，特别是对于青年篮球运动员而言，目的就是为运动员今后更好地掌握和运用技术动作、熟练地控球打下良好的基础。

1. 现代篮球运动中的手部训练

现代篮球运动中的手部训练主要包括手对球的感觉，手指、手腕、手臂在篮球运动中的用力技巧以及手控制球、支配球的能力。在训练中，需要重点掌握投篮、运球、传接球以及抢球时的握、翻、转、抖、拨等手指、手腕的快速动作。

2. 现代篮球运动中的脚步动作训练

现代篮球运动中的脚步动作训练主要包括通过蹬、伸、起、停、转、碾、滑等动作来对身体重心进行控制和运用。在训练中，一定要注意掌握

在快速移动中完成动作，以及动作转换时的连贯性。

3. 现代篮球运动中的腰胯部位训练

现代篮球运动中的腰胯部位训练主要包括腰胯、腹、背、胸等部位的弯、转、倒、侧、含、收、挺的用力技巧，和各部位用力的习惯养成。在训练中，对于腰胯的弯、转时机和动作的连续性要着重注意。

4. 现代篮球运动中的场上视野训练

现代篮球运动中的场上视野与自身篮球技术动作掌握及技术动作运用的熟练程度有关。技术水平越高，视野范围就越大。因此，篮球运动中场上视野的训练必须与技术训练相结合。在训练中，要着重注意如何提高球员的观察力、判断力。

5. 现代篮球运动中的篮球意识训练

现代篮球运动中的篮球意识的高低，可以集中反映球员的基本功及比赛经验，也能充分反映球员自觉地适应比赛情况的能力。在训练中，要把篮球意识的培养潜移默化地落实到每次训练课中。

（二）现代篮球运动中基本技术

在现代篮球训练中，最基本的目的就是要让球员对篮球的移动、投篮、运球、传接球、突破和防守等方面的技术进行全面的学习和掌握。要确立以快速为中心，以投篮为重点，以基本功为基础的全面技术训练，对球员尝试学习并掌握先进技术的行为进行鼓励，实现个人篮球技术的全面、准确、熟练应用。

1. 移动技术

现代篮球运动中的移动技术训练大多与篮球运动的身体训练以及其他技术训练结合进行，主要是通过训练提高球员在不同对抗的情况下运用各种移动技术的熟练性，以及对他们运用移动技术时的突然性、快速性和灵活性进行培养。

2. 投篮技术

现代篮球运动要求不同阶段的篮球运动员对几种最基本的投篮技术进行熟练掌握，主要是要加强球员的动作规范化、投篮准确性以及投篮结合其他动作的运用能力的训练。

3. 运球技术

运球技术在篮球运动中，既是最基本的技术，也是最重要的技术。球员在训练中需要熟练掌握各种运球技术，并能够在对抗中熟练地运用，主要是进行一些变向、变速等运球技术的练习，逐步提高控制、支配球的能力。

4. 传接球技术

传接球技术在篮球运动中是实现团队配合的基础。每个球员都应熟练掌握常用的、基本的传接球方法，并在系统的训练中不断提高自身传球的出手速度、准确性、隐蔽性，养成摆脱对手接球和接球后迅速衔接下一个动作的习惯。

5. 突破技术

突破技术是篮球运动中一项非常重要的个人技术。在训练中，球员要注意在能够随意、随机确定中枢脚的前提下，要培养自己两脚都能作为中枢脚，两侧都具有突破能力，以及发现突破时机和使用技巧的能力，增强自身的攻击能力。

6. 防守技术

在篮球运动中，防守技术也是一个球员所必须掌握的。在训练中，球员要加强在规则允许的情况下，积极、主动、合理地运用攻击性较强的防守技术的能力，以加强自身防守的能力和防守的实效，重点培养防守的意识。

二、青少年篮球后备人才战术能力培养与训练

在篮球比赛中，队员通过合理、灵活地运用个人技术，来达到个别队员之间以及全体队员之间相互协调配合的组织形式和方法，就是所谓的篮球战术。具体来说，运用篮球战术的主要目的，是通过充分发挥本队的特长和优点，来制约对方的缺点和短处，以期争取比赛的胜利。在篮球战术中，队员的能力是战术行动的实质，是最重要的，此外，形式是行动的外

部表现，方法是行动的内在要求。

（一）现代篮球战术的内容

1. 进攻战术

（1）进攻基础配合。在篮球比赛中，进攻可以由个人完成，也可以由多人配合完成。个人进攻需要运动员具备出色的个人技术以及适时选择合理的技术运用的能力。尽管个人进攻在比赛的某个时机内具有突出的效果，但是由于个人进攻的完成难度很大，在面对多人防守时的成功率较低，因此，在进攻时，仍以团队进攻为主。基础进攻战术配合，是指在篮球比赛中两三个进攻队员所组成的简单配合方法，这种方法是组成全队整体进攻战术配合的基础。因此，熟练掌握和灵活运用基础进攻战术配合，对提高队员整体进攻战术配合能力和战术意识有非常重要的作用。

（2）快速进攻战术。快速进攻，是指球队在防守状态中以最快的速度、最少的传递转入进攻状态，以此形成在人数上以多打少或攻防人数相等的优势组织攻击的一种战术。

现代篮球运动越发朝着快速攻防的方向发展，这也是球员身体素质越发出色和技战术水平越发过硬带来的发展变化。这种变化使得稳扎稳打的阵地攻防越来越困难。因此，快攻是现代进攻战术中最锐利的武器，是篮球比赛中最重要的反击得分手段。

（3）进攻人盯人防守战术。进攻人盯人防守是根据对方人盯人防守的范围、阵势和球员的防守能力，再结合本队实际，以我为主设计的一种有组织的全队进攻战术。

进攻人盯人防守战术的运用形式主要有两种：一种是进攻半场人盯人防守，一种是进攻全场人盯人防守。这种选择进攻人盯人防守战术的方式是被动的，它取决于对方的防守安排，此后进攻方再根据对方的防守形式选择适当的应对方法。在常规时间内，防守方通常会采用半场人盯人防守。全场人盯人防守则在比赛时间不多且两队分差不大的情况下使用，以达到最大限度延缓进攻方组织进攻时间的目的。

（4）进攻区域联防战术。区域联防是阵地战中运用较广的防守战术。

简单地说，区域联防就是防守方的 5 名球员在场上站好 5 个防守区域位置，当进攻方有人进入自己防守的区域时进行防守。对于进攻方来说，当面对阵地战时，进攻区域联防是针对区域联防的特点、阵势和变化所采用的进攻方法，是篮球进攻战术体系的重要组成部分。

在应用进攻区域联防战术时，要了解这种战术主要是防守方每人防守一定区域的特点，集中优势兵力，在局部地区形成人数上的多数，并进行穿插、迂回、声东击西，调动和打乱对方的联防阵形，创造投篮的机会。由防守转入进攻时，应首先争取快攻，趁对方立足未稳尚未组织好防守之前进行攻击。当防守队已组成区域联防时，进攻队应针对防守队形，采用插空站位的进攻队形组织进攻。此外，在应用进攻区域联防战术时要用准确的中远距离投篮，迫使对方扩大防区，以利于内外结合的攻击。

2. 防守战术

（1）防守基础配合。防守基础配合，是指在篮球比赛中两人或多人为破坏对方进攻配合所采用的协同防守配合方法。

（2）防守快攻。防守快攻是指由攻转守的瞬间及时组织防守阵形，主动阻止和破坏对方快攻的防守战术。防守快攻要从全力拼抢前场篮板球开始，在失去球权后，首先封堵第一传，堵截接应队员，边退边干扰，力求延缓对方的进攻速度，打乱进攻的节奏，推迟对方的攻击时间，及时组织全队防守。特别是随着现代篮球比赛速度不断加快和攻守转化意识的不断强化，努力提高防守技术、战术质量和深入研究防守快攻战术的方法，显得越来越重要。

需要指出的是，防守快攻要在积极主动的思想的指导下，针对快攻的三个阶段，采取积极防御行动来阻止对方快攻的发动或进行，争取时间，为组织阵地防守战术创造条件。

（3）人盯人防守战术。人盯人防守战术，是指防守球员一对一盯住进攻球员并与同伴相互协作的一种全队防守战术。从战术意图上看，人盯人防守在理论上能够使防守不出现漏人和不使进攻方得到较大空当。因此，这种防守方式就取代了区域联防战术，成为现代篮球防守战术中的主流。

（4）区域联防战术。区域联防是指由攻转守时，防守队员迅速退回后场，每一个队员负责防守一定的区域，随着球的转移而积极地调整自己的位置，并与同伴密切合作，严密防守进入该区域的进攻队员，用一定的队形把每一个防区有机地结合在一起的全队防守战术。

区域联防不是将球员死死地固定在某个区域位置上，而是通过球员的移动来达到整体防守的目的。需要注意的是，区域联防中的移动是整体性、联动性的移动，它需要球员在移动时保持整体防守位置不变，队形要随着球的转移而移动，并且全队的整体阵形在移动中不能混乱。

（二）现代篮球战术的训练

现代篮球战术的训练是建立在球员掌握一定基本技术的基础上进行的。在战术训练中，要培养球员的战术意识，并且要将其落实到战术训练的具体方法之中。

（1）战术训练需要以个人战术意识的形成为基础，确立出一整套适合全队的攻防战术体系，并将战术体系渗透到战术训练的各个环节中，不断地加以完善。

（2）在全面学习和掌握攻防战术基础配合的基础上，要对人盯人防守和防守快攻两种全队战术体系进行重点训练，要在快中求准，在稳中求变，努力形成具有鲜明特点且符合本队实际情况的攻防战术体系。

（3）球员行动的正确性、及时性、针对性，如球员之间默契协同，迷惑对方，使其难以判断，以及随机应变的灵活性和创造性，这些都要在战术训练中得到充分的体现。同时，战术训练要与体能、心理、智能等训练有机结合，并努力通过实践对战术运用的质量进行提高。

参考文献

[1] 唐建倦. 中国竞技篮球后备人才培养运行机制研究[D]. 北京：北京体育大学，2007.

[2] 赖爱萍. 运动生理学基础[M]. 杭州：浙江大学出版社，2012.

[3] 商虹. 体育心理学[M]. 成都：西南交通大学出版社，2010.

[4] 王广兰，汪学红. 运动营养学[M]. 武汉：华中科技大学出版社，2017.

[5] 张瑞林. 篮球运动[M]. 北京：高等教育出版社，2005.

[6] 孙民治. 篮球运动教程[M]. 北京：人民体育出版社，2006.

[7] 顾丽燕. 运动医务监督[M]. 北京：北京体育大学出版社，2009.

[8] 石磊，葛新发. 运动选材概论[M]. 济南：山东人民出版社，2009.

[9] 叶巍. 新视角下篮球运动之人才研究[M]. 长春：吉林大学出版社，2013.

[10] 宋文锋. 中美篮球后备人才培养机制的差异性研究[J]. 体育师友，2019，42（6）：61–62.

[11] 葛一秋. 中美篮球后备人才培养机制的差异性研究[D]. 成都：成都体育学院，2014.

[12] 张成. 14 运视域下论陕西省青少年篮球后备人才培养[D]. 西安：西安体育学院，2019.

[13] 阿布都热扎克·买买提. 乌鲁木齐市青少年校园篮球人才培养困境及

对策研究[D]. 北京：北京体育大学，2019.

[14] 周静. 中国篮球高水平后备人才基地建设现状及对策研究[D]. 石家庄：河北师范大学，2016.

[15] 米战，任海龙. 我国职业篮球俱乐部后备队伍现状调查研究[J]. 西安体育学院学报，2007（4）：17–19，28.

[16] 张瑞洁. 广东宏远职业篮球俱乐部后备人才培养模式研究[C]//中国体育科学学会. 2013 年全国竞技体育科学论文报告会论文摘要集. 中国体育科学学会：中国体育科学学会，2013：719–720.

[17] 蔡美燕，支俊才，王国咏. 我国职业篮球俱乐部后备人才培养影响因素研究[J]. 山东体育学院学报，2011，27（4）：70–75.

[18] 吉孟卓，杨锃锟，周胜杰. 影响我国高职院校篮球训练的因素分析[J]. 才智，2014（2）：169.

[19] 曹青军. 运动训练理论与实践[M]. 北京：北京理工大学出版社，2012.

[20] 史黎清. 我国青少年篮球训练现状及创新模式探索[J]. 青少年体育，2019（8）：72–73.

[21] 梁红. 简析体校篮球运动员训练的模式[J]. 运动，2016（11）：18–19.

[22] 张栋强. 论高校篮球训练模式的改革与发展战略研究[J]. 当代体育科技，2017，7（34）：18，20.

[23] 王敬红，王镤. 关于对高校篮球训练创新模式的研究[J]. 智库时代，2020（7）：265–266.

[24] 王琳，薛锋. 运动训练理论研究[M]. 北京：中国社会科学出版社，2014.

[25] 王鹏. 学校课余体育训练质量提升的有效路径研究[J]. 当代体育科技，2019，9（6）：41，43.

[26] 全美篮球体能教练员协会. NBA 体能训练：专家设计的 122 项练习[M]. 孙欢，译. 北京：人民体育出版社，2003.

[27] 洪晓彬. 篮球运动心理学研究与应用[M]. 广州：世界图书出版广东有限公司，2015.

[28] 于振峰. 现代篮球技术学练设计[M]. 北京：高等教育出版社，2013.

[29] 王峰. 篮球运动规律与技术原理分析[M]. 北京：科学出版社，2015.
[30] 王峰. 现代篮球运动的理论研究[M]. 北京：人民日报出版社，2013.
[31] 许博，包金萍. 现代篮球战术案例解读[M]. 北京：北京体育大学出版社，2009.